Christa Meves

Verführt. Manipuliert. Pervertiert.

Die Gesellschaft in der Falle modischer Irrlehren. Ursachen – Folgen – Auswege

Christa Meves

Verführt. Manipuliert. Pervertiert.

Die Gesellschaft in der Falle modischer Irrlehren. Ursachen – Folgen – Auswege

VERLAG RESCH

Bibliografische Information Der Deutschen Bibliothek
Die Deutsche Bibliothek verzeichnet diese Publikation in der Deutschen Nationalbibliografie; detaillierte bibiliografische Daten sind im Internet über http://dnb.ddb.de abrufbar.

Impressum:
3. Auflage 2005

Maria-Eich-Straße 77, D-82166 Gräfelfing

Umschlag: Albin Kirchhofer, Basel
Gestaltung und Satz: Fischer's DTP-Studio, München
Druck und Bindung: RMO-Druck, München
Printed in Germany
ISBN 3-935197-29-2

INHALT

Vorwort

Die Bevölkerung in Deutschland ist in den vergangenen Monaten erschreckt aus dem Schlaf getäuschter Sicherheit erwacht. Es ist den Menschen hierzulande bewusst geworden: Es geht in rasantem Tempo abwärts – es geht an ihr Portemonnaie. Aber kaum einmal wird dieses Faktum durch eine tiefer greifende Analyse hinterfragt. Mit erschreckender Oberflächlichkeit werden in den Talkshows der Medien Wirtschaftswissenschaftler und Politiker in ermüdender Einförmigkeit befragt, wo und wie denn das Geld anders verteilt werden könne und solle, damit der Kuchen weiterhin für alle ausreicht, obgleich er dafür zu klein geworden ist. Die Wurzeln des Übels aufzuspüren und von dort her eine Änderung einzuläuten – das wird mit einer beispiellosen allseitigen Verdrängung in der Öffentlichkeit vermieden. Viele der jungen Meinungsmacher unserer Mediendiktatur fehlt offenbar jeglicher Ansatz dazu, die tieferen Zusammenhänge zu durchschauen. Die Älteren, die ihren Aufstieg in die Machtpositionen ihrem Einsatz für die Verwirklichung der linken Ideologie verdanken, machen verständlicherweise fest die Augen zu; denn die Situation klar zu erfassen käme einem Eingestehen ihrer Mitwirkung am Niedergang unserer Republik gleich.

Das ist eine fatale Situation. Wollen wir, von Erblindeten angeführt, blind weiter dem Untergang entgegengehen? Können wir überhaupt noch etwas tun? Oder befinden wir uns bereits am „point of no return“? Die Geschichte lehrt, dass eine Wende zum Konstruktiven in jenen Gesellschaften möglich gewesen ist, in denen vom Volk und dann auch von der Regierung eine entschiedene Umkehr eingesetzt hat, weg von dem letztlich immer gleichen Fehlweg, einem den Menschen und seine Machtmöglichkeiten überschätzenden Hochmut, hin zu einer Umkehr nüchterner Erkenntnis seiner Realität, dass er ein Geschöpf ist – und zwar „in schlechthinniger Abhängigkeit" von seinem Schöpfer.

Es darf deshalb in später Stunde weiterhin nichts unversucht bleiben, dem abwärts rollenden Rad des Schicksals in die Speichen zu greifen. Das darf umso weniger eine Autorin zulassen, die von dem Zeitpunkt der Weichenstellung an, also seit 35 Jahren, gewarnt und die jetzige Situation damals bereits in allen Einzelheiten für heute vorausgesagt hat – nicht etwa auf dem Boden einer prophetischen Intuition, sondern durch nüchterne, fachspezifische Diagnose. Man konnte das alles rechtzeitig wissen: den Geburtenschwund, den Abtreibungsboom, die Entsittlichung, die Zerrüttung der Familie und infolgedessen Scheidungselend, Kriminalitätssteigerung, Süchte und Depressionen als Volksseuche.

Einige Aussagen der frühen Jahre sollen hier noch einmal zitiert werden. 1969 schrieb ich: „Das Problem unserer Jugend heute ist ein Problem der Erwachsenen, ist ein Niederschlag eines bestimmten Zeitgeistes – und dieser Zeitgeist ist insofern krank, als er eines der lebensnotwendigsten Bedürfnisse des Menschen, das in einem religiösen Bezug erlebte Gefühl von Sinnhaftigkeit seines Lebens, nicht mehr befriedigt."[1]

„Bereits jetzt werden die für diese Krankheit typischen illusionären Riesenerwartungen zu Ideologien aufgeheizt, denen wir – schreitet die Entwicklung so fort – in wenigen Jahren nicht mehr werden Herr werden können, denn die Eigengesetzlichkeit anarchistischer Mechanismen ist von einem gewissen Quantitätsgrad ab nicht mehr durchbrechbar. Wenn der Homo Faber dem Rausch des Sieges über die Natur verfällt, statt von ihr zu lernen, wird sie ihn mit Krankheit und Verwahrlosung seiner Nachkommen schlagen. Und dann werden gesündere oder klügere Völker sein Erbe anzutreten haben."[2]

„Wir stehen in einem Verfall geistigen Wertstrebens und sittlicher Norm. Denn wo nicht verantwortet zu werden braucht, fällt auch die Verpflichtung mehr und mehr zu einem hohlen Begriff zusammen. Denn selbst die Freiheit ist ja dem Chaos der totalen Unordnung nahe, wenn sie Bindungslosigkeit auf ihr Banner hebt – auch der Begriff der Freiheit wird erst zu einem ethischen Wert, wenn er auf ein Ziel deutet, das von einem religiösen Verantwortungsbewusstsein getragen wird."[3]

„Wenn man diese Zusammenhänge erfasst, wird klar: Mit der zunehmenden Berufstätigkeit vieler Säuglingsmütter, mit den kollektiv praktizierten fragwürdigen Umgangsweisen mit kleinen Kindern, mit der Technisierung auch der Kindheit, die statt Liebe und Opferbereitschaft vorgekaute Materie anbietet und eine maßlose Verwöhnung provoziert, muss die psychische Erkrankung ‚neurotische Verwahrlosung' geradezu eine seuchenähnliche Gefahr in der westlichen Welt werden."[4]

„Nur Eltern, die es wagen, ihren kleinen Kindern mit fester Hand einen beschützenden Raum zu bieten, in dem es Licht- und Schattenseiten gibt, nur solche Eltern werden es in der Pubertätszeit ihrer Kinder erleben, dass diese ihr Frei-gelassen-Werden im Erwachsenenalter ertragen, ohne in einer Weise über die Stränge zu schlagen, die sie selbst und die Gemeinschaft schädigt."[5]

„Die wilde Wucherung ‚sexuelle Revolte' kann eventuell ein Anstoß sein, aber nicht mehr. Ihr Programm zu verwirklichen hieße, das Kind mit dem Bade auszuschütten, wobei es gewiss in Teufels Küche geriete. Kinder, die in einer sexualisierten Elternhaus- oder Kindergartenatmosphäre aufwachsen müssen, gelingt eine Harmonisierung der Sexualität später schwerer. Manche werden mit negativen Valenzen gegen Sexuelles überflutet – andere zu suchtartigen Abartigkeiten stimuliert, die ein ganzes Leben färben und vergiften können."[6]

„Nimmt man den Frauen eine ihrer letzten Bastionen der Pflege ihres Gefühls in der ungestörten Mutterschaft, so werden Schillers Hyänen, die mit Entsetzen Scherz treiben, bald nicht mehr legendär sein."[7]

„Geschehen kollektiv solche Fehlentwicklungen, schießt das Böse pilzartig hervor. Das macht es nötig, in unvermeidlicher Einseitigkeit zum Kampf gegen das Überhandnehmen der zerstörerischen Kräfte anzutreten". „Es lässt sich die wohlbegründete Prognose stellen, dass unter diesem Trend die Homosexualität unter Männern weiter enorm ansteigen wird – in einem Maß, wie es durch plötzliche explosive Ausbreitung einer abartigen genetischen Mutation auf dem Sektor Homosexualität gar nicht erklärbar sein könnte."[8]

„Je weniger unsere Kinder muttersatt werden, desto mehr wird in ihnen der Schrei nach der totalen Versorgung ohne Gegenleistung zum irrealen Fanal werden. Übertreibungen mit dem sozialistischen Gedanken in liberal-demokratischen Staaten bedeuten Selbstmord dieses Systems. Es muss durch die Eskalation der sozialen Maßnahmen, durch die steuerliche Überlastung der Fleißigen, die man dadurch entmutigt und einschränkt, in wirtschaftliche Krisen geraten. Je mehr Menschen eine Haltung dieser Art erwerben, je mehr Wähler es gibt, die durch Versprechungen ohne Gegenleistung in ihrer Wahlentscheidung bestimmt werden, desto weniger kann eine sozialliberale Regierung sinnvolle Korrekturen vollziehen. Das friedliche Täubchen, der liberale Sozialismus, klebt so lange auf diesem Leim, bis die Katz, der imperialistische und diktatorische Sozialismus, es holt."[9]

Das ist eine Blütenlese meiner auf Vorträgen und in Büchern gemachten Aussagen zwischen 1965 und 1975. Heute können wir erkennen: Die Stunde des Erwachens der Verführten war – bedingt auch durch den hohen Wohlstandsstatus – über 30 Jahre hinweg immer noch nicht gekommen. Ja gewiss, es gab allmählich eine Zunahme der durch ihr persönliches Leid Aufgewachten, es gab das Standhalten klarsichtiger Christen. Aber es war nicht möglich, jenen Ruck in der Bevölkerung zu erwirken, der so rüttelt und schüttelt, dass es nicht länger möglich ist, weiter die Augen zuzumachen.

Diese Stunde ist jetzt da. Die Notwendigkeit, sich gegen den destruktiven Trend zu stellen und die falsche Einstellung zu revidieren, tritt bei immer mehr Menschen gegen die einlullenden Sirenenklänge der Medien, gegen die erschreckend falschen Maßnahmen der Regierung ins Visier der Bevölkerung. Dieser Erhellung soll mein neues Buch dienen. Es strebt durch nachhaltige Analysen eine Bewusstseinssteigerung von der Tiefe her an; denn es lässt sich mit Argumenten von der psychotherapeutischen Erfahrungswissenschaft her die Wahrheit orten. Sie steht darüber hinaus in Übereinstimmung mit den naturwissenschaftlichen Erkenntnissen, mit der Einsicht in die genetische Verschiedenartigkeit der Menschen, in die Unterschiedlichkeit der Struktur von Mann und Frau, in die Hirnprozesse, die die Entfaltungsbedingungen der Spezies Mensch sichtbar werden lassen. Hier versuche ich in einzelnen Kapiteln auf den verschiedensten Sektoren eine Abkehr vom ideologischen Menschenbild – hin zur Wahrheit zu erreichen; denn die neuen wissenschaftlichen Erkenntnisse und die Prämissen des Christentums stimmen in einer überraschenden Weise miteinander überein.

Der Mensch hat seinen immensen Fortschritt durch die Jahrtausende hindurch mit Hilfe seiner Klugheit, seiner Lernfähigkeit und seiner Möglichkeit zu lieben erreicht. Diese vor allem läßt den Impuls zu überpersönlicher Verantwortung entstehen.

Machen wir uns also in später Stunde endlich klug, um die Wahrheit zu erkennen. Liebe zu Gott und den Mitmenschen sowie die daraus erwachsende Vernunft und Einsicht können es schaffen, das Schicksal zu wenden. Jeder ist dazu aufgerufen. Packen wir es an!

Christa Meves,
Uelzen im Sommer 2003

Familie in der Krise

Der Staat greift nach den Kindern

Die Krise der Familie bedeutet eine existentielle Gefahr für unsere Gesellschaft. Seit 1972, also seit 30 Jahren, wird unsere Bevölkerung nur noch zu 60% ersetzt. Mit dem Level von 1,3 Kind pro Familie sind wir neben Italien bereits seit so langer Zeit in dieser Hinsicht trauriger Weltmeister. Die Familie schrumpft. Die Zahl der Eheschließungen mindert sich ebenso kontinuierlich, wie die der Ehescheidungen steigt. 193 000 waren es im vergangenen Jahr mit 160 000 unmündigen Scheidungswaisen. Die Folgen für das neue Jahrhundert waren vorauszusehen: Unbezahlbarkeit der Renten zunächst, wirtschaftlicher Niedergang und langfristig Ausverkauf des christlichen Abendlandes.

Seit 1998 der Regierungswechsel stattfand und erst recht verstärkt seit der Wiederwahl der rot-grünen Parteien im vergangenen Jahr maßen sie sich darüber hinaus an, als Staatsmacht nach unseren Kindern zu greifen. Der neue Generalsekretär der SPD, Olaf Scholz, hat Anfang November 2002 die Katze unverblümt aus dem Sack gelassen mit seinem Ausspruch, die SPD wolle „die Lufthoheit über den Kinderbetten erobern".

Der Marsch durch die Institutionen – gänzlich ungehindert in 30-jähriger zäher Kleinarbeit und Unermüdlichkeit vollzogen – hat mit dem Wahlausgang 2002 sein Ziel erreicht: Die Regierungsmacht liegt in der Hand der Protagonisten von einst. Die Ziele waren – kaum noch verschleiert – im Wahlkampf bereits sichtbar geworden. Legislative und Exekutive haben sich nun unverzüglich an die Arbeit gemacht.

Der Umbau der bürgerlichen Gesellschaft in ein sozialistisches „Paradies der Gleichgemachten" kann jetzt in Angriff genommen werden, und der erste fundamental wesentliche Schritt dazu ist – seit 1848 gehört das dazu – die Zerstörung der bürgerlichen Familie; denn in ihr werden angeblich immer neu Ungleichheit und Ungerechtigkeit produziert. Um dieses Ziel zu erreichen, hat man sich bereits durch die Jahrzehnte hindurch der Strategie der semantischen Verschleierung und einer scheinbar plausiblen oberflächlichen Argumentation bedient, die in der Lage ist, den gesunden Menschenverstand der Bevölkerung einzulullen und zu vernebeln, sodass sie jetzt bereits fleißig dabei ist, mit an dem Ast zu sägen, auf dem sie sitzt.

Um dem entgegenzuwirken, will ich in diesem Kapitel zwei verräterische Parolen zum Thema „Familie analysieren". Daran anschließend will ich eine Situationsschilderung über den faktischen Status der Familie geben und abschließend auf ein dringend nötiges abwehrendes Konzept gegen die existentielle Gefahr hinweisen.

Die erste der Verlautbarungen, von denen ich ausgehen will, ist durch Bundeskanzler Schröder bereits wiederholt offeriert worden. Sie lautet: „Familie ist überall dort, wo Kinder sind." Das ist eine neue Definition von Familie, die bewusst einen Affront enthält; denn die in der Verfassung betonten Postulate „Pflege und Erziehung der Kinder sind das natürliche Recht der Eltern und die ihnen zuvörderst obliegende Pflicht" sowie „Ehe und Familie stehen unter dem besonderen Schutz der staatlichen Ordnung" gehen von einem Familienbegriff aus, der allemal ein verheiratetes Elternpaar mit unselbstständigen leiblichen Kindern meint und unausgesprochen die weitere Verwandtschaft, also Großeltern und die Familien der Geschwister, einbezieht.

Es ist erstaunlich, dass die neue Definition der Familie durch die rot-grüne Regierung von kritischen Journalisten nicht als schlechterdings unzutreffend vom Tisch gefegt wurde. Aber ein entsprechender Einspruch blieb lange aus. Die nackte Wahrheit ließ sich da anfangs allein in dem Interview eines 17-jährigen Schülers mit dem Generalsekretär Müntefering in der Süddeutschen Zeitung finden. Dieser Bub fragte ihn: „Wenn Familie überall da ist, wo Kinder sind, müsste man dann nicht jeden Kindergarten als Familie bezeichnen?“[1]

Eine Schülerstimme riss damit an, dass auch unser Kaiser heute mit dieser Definition von Familie sich als nackt erweist. Mag ja sein, dass auch er naiv ist wie jener Kaiser im Märchen von Christian Andersen; aber eins ist gewiss: Die, die ihn mit diesem schönen Spruch verkleideten, wissen gewiss, was sie damit im Schilde führen; denn ist es auch Wahnsinn, steckt hinter dieser neuen Definition von Familie doch Methode.

Dahinter steckt ein Programm, nämlich allen Lebensformen mit Kindern den gleichen Rang zu geben und der Struktur der bürgerlichen Familie auf diese Weise den Garaus zu machen. Die Voraussetzungen dazu sind bereits durch die Strafrechtsreform von 1976 sowie durch den 30-jährigen Trend zur liberalistischen Entfesselung der Strukturen mit Hilfe der Frankfurter Schule längst erfolgreich in Gang gesetzt worden. Am Anfang stand die Liberalisierung des Scheidungsrechts, stand infolgedessen das Boomen der Scheidungen. In Schröders Definition involviert sind deshalb zunächst einmal die wilden Ehen mit Kindern, wie auch die allein erziehenden Eltern (das sind zu 90 % Mütter) sowie die neu so benannten „Regenbogen-Familien“ und die „Patchwork-Familien“. Das sind die sich mit ebenfalls geschiedenen Partnern zusammenfindenden Mütter oder Väter nach dem Motto „Meine Kinder – deine Kinder – unsere Kinder“.

Alles also, was sich mit Kindern – mit eigenen, Pflege- oder Adoptivkindern – mit oder ohne Trauschein mehr oder weniger langfristig unter ein Dach begibt, gilt fortan als Familie. Und das heißt: Alles, was nun bereits durch die jahrzehntelange Zersetzung der Struktur von Ehe und Familie in die Zerstreuung geraten ist, soll unter einem Hut – voll legitimiert und mit der traditionellen Familienform gleichgesetzt werden, und zwar unbeeindruckt von der Erfahrung – und das ist ein Skandal – dass diese mehr oder weniger ungeordneten Lebensweisen die seelische Gesundheit der nachfolgenden Generation bereits in einem verheerenden Ausmaß gemindert haben.

Gleich, ob die Kinder von einem Elternteil allein erzogen werden (ganz gleich, ob durch Scheidung oder durch Unehelichkeit von Beginn an), ob sie mit zusammengewürfelten Ziehgeschwistern und wechselnden Stiefeltern heranwachsen – je mehr die Kinder ihren sicheren Grund verlieren, je mehr sie durcheinander gewirbelt werden, desto labiler, unruhiger und anfälliger für seelische Erkrankungen, für die Minderung ihrer Arbeitsfähigkeit werden sie. (Die typischen Schwierigkeiten der Patchwork-, der Single- und der Regenbogen-Familie werden in gesonderten Kapiteln ab Seite 32 behandelt.)

Die Minderung seelischer Stabilität durch mangelnde Geborgenheit in der Kindheit ist also Fakt. Bereits 10 % unserer Hauptschulabgänger sind heute für einen Ausbildungsprozess gar nicht mehr vermittelbar. Gänzlich unberührt von den negativen Auswirkungen der gezielten Bemühung, die Kinder aus dem Gefüge der herkömmlichen Familie „herauszubrechen“, wie es bereits im „Zweiten Familienbericht“ der Katharina Focke (SPD) von 1976 hieß[2], muss die schöne neue Schrödersche Definition von Familie heute in die Öffentlichkeit hinausposaunt werden.

Eines darf an dieser Stelle nicht missverstanden werden: Unter diesen neuen Familienhaufen gibt es gewiss viel unverschuldetes Schicksal, besonders unter den Alleinerziehenden, denen der Vater der Kinder davonlief oder der gar nicht erst die Verantwortung für ein Kind übernahm. Aber auch hier werden die Fälle von Unglück und leidvollem Zerwürfnis heute vermehrt durch die Fälle von angemaßtem, trotzigem Willen zur „Fortschrittlichkeit“, sprich Anpassung an den Mainstream, indem man von vornherein meint, dass die Sache mit dem Kindererziehen auch ohne den Vater zu schaffen sei. Die dahinter stehende revolutionäre Devise der Feministinnen heißt nämlich: „Wozu überhaupt Väter? Sie nerven nur. Wir Frauen packen das mit dem Leben, mit dem Kindermachen und dem Kinderbetreuen in unserer ‚New Brave World' auch ohne sie!"

Dieser feministische Geist der Anmaßung ist es deshalb auch, der die nächste Etappe im Konzept der Konturlosigkeit bereits anvisiert: Das Aufwachsen von Kindern bei zwei lesbischen Frauen, die sich anonym haben von der Samenbank bedienen lassen.

Aber nicht nur feministische Revolte allein soll in diesem neuen Familienbegriff verwirklicht werden: Auch homosexuell lebende Männer streben die Adoption von Kindern an bzw. leben bereits mit Kindern, die sie mit und ohne Ehe zuvor gezeugt haben. Das geschieht, ohne überhaupt noch die über mehr als ein Jahrhundert umfassenden Forschungsergebnisse der Psychopathologie weiterhin zu beachten, die beweisen, dass sich eine gesunde geschlechtliche Identität durch die Identifikation mit vorbildlichen zweigeschlechtlichen Eltern in der Kindheit herausbildet. An die Stelle dieser Erfahrungswissenschaft ist die gänzlich unbewiesene Ideologie von der angeborenen Gleichheit der Geschlechter getreten, die sich mittlerweile durch die Hirn- und Hormonforschung ebenfalls nachhaltig als falsch erwiesen hat. Aber das kümmert niemanden unter den linken Protagonisten und erst recht nicht die fest in deren Griff gefangene Mediendiktatur. Es kümmert sie nicht, dass man Kinder in diesen sogenannten „Regenbogen-Familien" bewusst den Gefahren von Fehlidentifikationen in ihrer Kindheit aussetzt. Bleibt die geschlechtliche Identität durch solche Künstlichkeiten unsicher – so weiß die psychoanalytische Forschung –, so kann das im Erwachsenenalter Perversionen verursachen.[3]

Müsste denn nicht bei neuen Gesetzen um das Kind das Wohl des Kindes vorrangig sein? Ist es nicht ein Verbrechen an ihm, dies vor lauter Ideologie gar nicht mehr im Blick zu haben? Was für eine Anmaßung ist es, zu meinen, mit Kindern machen zu können, was uns beliebt?

Aber die Parole „Familie ist überall dort, wo Kinder sind" will mit dem Schein einer weit offenen Toleranz nicht allein die den Kindern weit mehr bekömmliche Struktur der Urfamilie außer Kraft setzen – sie hebt, nachdem die Zersetzung der alten Struktur schon so weit gelungen ist, nun gänzlich unverblümt dazu an, die Direktive des Staates an die Stelle elterlicher Verantwortung zu rücken. Das geschieht mit einem zweiten Slogan, den Familienministerin Bergmann prägte und damit bereits vor der Wahl 2002 die neue große Offensive einläutete. Er heißt: „Aufwachsen in öffentlicher Verantwortung." Vielleicht musste sie gehen, weil sie damit zu früh vorpreschte. Aber mit der „Lufthoheit über den Kinderbetten", mit dieser Verlautbarung des Generalsekretärs der SPD, Olaf Scholz, ist die Zielgerichtetheit des dortigen Programms – von ihrer Nachfolgerin, Renate Schmidt, mit ähnlichen Sprüchen bekräftigt – voll unmissverständlich zum Ausdruck gekommen. Der Weg dahin ist ebenfalls bereits klar ausgeschildert: Flächendeckend sollen Kinderkrippen für Säuglinge, Ganztagskindergärten für Kleinkinder, Horte und Ganztagsschulen aufgestockt werden, also „Krippenplätze flächendeckend", um, wie auch Joschka Fischer, das Haupt der Grünen, als Quintessenz der Koalitionsverhandlungen betont hat, den „Gestaltungsauftrag der Grünen zu erfüllen".[4] Das entlarvt, wie wenig sich der einstige Steinewerfer (entgegen seinen Beteuerungen) gewandelt hat, und bedeutet ein schier unfassliches Skandalon; denn das ist ein weiterer Versuch, noch nach der Jahrhundertwende der durch das Großexperiment des Ostens widerlegten, alten Verelendungsideologie den Weg zu bereiten, und das, obgleich darüber hinaus die amerikanische Hirnforschung hieb- und stichfest bewiesen hat, was Erfahrungswissenschaft, was ebenso die jahrzehntelange Kollektivierung der Kleinkinder im Ostblock mehr als deutlich sichtbar werden ließ: Die gesunde seelische Entfaltung des menschlichen Gehirns, die im Kleinkindalter ihren Hauptschwerpunkt hat, ist von Bedingungen abhängig, die sich nicht willkürlich verändern lassen.

Der Neurobiologe Prof. Gerald Hüther von der Universität Göttingen drückt das folgendermaßen aus: „Frühe emotionale Erfahrungen werden im Hirn verankert, sichere emotionale Bindungsbeziehungen sind die Voraussetzungen für eine optimale Hirnentwicklung. Störungen stellen für Kinder Belastungen dar, die sie umso weniger bewältigen können, je früher sie auftreten. Sie führen zu einer massiven und lang anhaltenden Aktivierung stresssensitiver Regelkreise im kindlichen Gehirn. Daraus müsste sich dringend eine Stärkung elterlicher Erziehungskompetenz ergeben."[5] Das bedeutet: Das Neugeborene bedarf sorgsamster Hellhörigkeit derer, die es betreuen.

Und auch das ist bereits durch vergleichende Untersuchungen belegt: Keine Kollektivbetreuung von Kleinkindern – auch die der Kindertagesstätten nicht – kann das auch nur annähernd in ähnlicher Intensität leisten wie die persönlichen Angehörigen, vorrangig immer noch die Mutter. Denn die Hormonforschung vermittelt die Erkenntnis, dass Mütter bereits während der Schwangerschaft auf diese so besonders wichtige Aufgabe durch eine spezifische Hellhörigkeit für ihr Kind vorbereitet werden.

Glauben unsere Ideologen diesen Stand internationaler Forschung einfach verleugnen zu können? „Sucht ist der Ersatz für die veruntreute Mutter", hat uns der große ungarische Psychologe Scondy aufgrund seiner praktischen Erfahrung schon vor Jahrzehnten mahnend zugerufen. Haben wir damit inzwischen nicht in millionenhaften Fällen genug Erkenntnisse sammeln können? Wäre es nicht endlich an der Zeit, den wirtschaftlichen Zusammenbruch des Ostblocks einmal in diesem Zusammenhang zu sehen?

Wirtschaft wird von Menschen gemacht. Wenn die Menschen seelisch kaputt sind und keine Durchhaltefähigkeit mehr bei der Arbeit haben, wenn sie stattdessen millionenfach in Depressivität mit und ohne Alkoholismus bzw. Rauschgiftsucht versinken – woher soll dann die Gedeihlichkeit der Gesellschaft kommen? Jeder Hundezüchter, der seine Welpen zu früh verkauft, kann bestraft werden, aber unsere Regierung versucht, ihren „Gestaltungsauftrag" dergestalt zu erfüllen, dass sie den Eltern vorgaukelt, ihre Kinder würden besser im Kollektiv betreut als bei ihnen! In unseren Tagen bestätigt sich so der schlimmste Verdacht: Es geht unseren Regierenden nicht im mindesten darum, durch sorgsame Erziehung geistige Elite und dadurch Prosperität der Gesellschaft zu erwirken, es geht ihnen vor allem darum, durch die gleiche Behandlung des Menschen nach Rasenmähermanier – am besten vom Status Nascendi an – homogene Masse hervorzubringen, einen neuen, stumpfen manipulierbaren Menschentyp, der dem Machtkartell des Staates keinen Widerstand mehr entgegensetzt.

Wie hat es dazu kommen können? Ein Rückblick auf die Entwicklung des Familienministeriums soll das verständlich machen:

Mit der Schaffung eines „Bundesministeriums für Familienfragen" im Jahre 1953 war es beabsichtigt, dieser Aufgabe nachzukommen. Das lief besonders unter der Regie des kinderreichen Familienministers Wuermeling in pfleglichen Bahnen. Der Restbestand der geschlagenen Deutschen setzte zu neuer Gedeihlichkeit an.

Die Freigabe der Antibabypille war der entscheidende Einbruch in dieses hoffnungsvolle Gefüge. Außerdem nahmen kollektivistische Akzente in der Familienpolitik der SPD/FDP-Regierung von 1969 bis 1982 fortgesetzt zu. Besonders die kinderlose Familienministerin Katharina Focke entsprach mit Verve diesem Trend. „Im zweiten Familienbericht“ von 1976 kam das zum Ausdruck. Der Geburtenschwund, der mit fulminantem Abwärtstrend eingesetzt hatte, wurde von ihr beschönigt. Sie erklärte, nicht in die „Schlafzimmer hineinregieren zu wollen“.[6]

Zur Zeit ihrer Nachfolgerin, Antje Huber (1976 bis 1982) geriet das Familienministerium in ein beklagenswertes Abseits. Das Kind wurde für „autonom“ erklärt, Laisser-faire-Erziehung gab den Ton an, die Entmachtung der Eltern wurde über die Medien und die Schule vorangetrieben, so lange, bis die gegen ihre Eltern aufgestachelten Kinder ihren Erzeugern unerträglich auf den Köpfen herumzutrampeln begannen.

Es war verständlich, dass immer mehr Mütter durch Berufstätigkeit dem häuslichen Desaster zu entfliehen suchten. Staatliche Einrichtungen und die Schaffung des Berufsstandes bezahlter Tagesmütter machten das nun auch den Jungmüttern möglich.

Helmut Kohl versprach zwar, bevor er Bundeskanzler wurde, dem gegenzusteuern, zumal die Kinderpsychologie immer unüberhörbarer Beweise für die Minderung des intellektuell wie auch des seelisch gesunden Status der jungen Generation erbrachte. Aber er besetzte das Familienministerium zunächst mit Heiner Geißler, dann mit Rita Süssmuth und Ursula Lehr, die ihre Affinität für „radikal feministische Denkmuster“[7] wie es in Geißlers „Drittem Familienbericht“ unmissverständlich hieß, zum Ausdruck brachten. Ja, Rita Süssmuth zeigte unverhohlen ihre Zustimmung zur Aufweichung des § 218 und ihre Begeisterung für den Jugendsex im Aidszeitalter. Wie konnte es dann gar dem Krippenkind Claudia Nolte als Nachfolgerin gelingen, diesem Trend durch eine gedeihliche Familienpolitik entgegenzuwirken?

Aber was hat sich denn die deutsche Bevölkerung nun seit fünf Jahren eingehandelt? Zunächst für vier Jahre eine DDR-Politikerin als Familienministerin, die unter Frauenpolitik die zügige Kollektivierung und damit die Entfernung der Kinder von dem elterlichen Erziehungsvorrecht versteht, ja, die die künftigen Jungwähler zu umschmeicheln sucht, indem sie bereits den 14-jährigen erlauben wollte, die höllischen Diskotheken zu besuchen (nur lauter Protest hat das in letzter Minute verhindert).[9] Das meint in der Tat: Entmachtung der Eltern.

Da dies das Ziel unserer jetzigen Regierung ist, hat sie es jetzt so eilig damit, Vorbereitungen zu treffen, um den Restposten „Familie“ aus den Angeln zu heben. Wir müssen die Vorbereitung zu neuer machtangemaßter Diktatur ahnen, damit wir in später Stunde den nötigen Elan zum Widerstand entwickeln.

Von der Forschung her ist es mittlerweile eindeutig klar, dass die Familie unaufgebbar ist; denn sie ist nicht etwa eine überholte gesellschaftliche Institution des 18. und 19. Jahrhunderts, wie unsere Ideologen immer wieder unterstellen. Sie ist eine Vorgabe der Schöpfung. Hormonell wird die Frau bereits während der Schwangerschaft auf eine besondere Aufmerksamkeit dem Kind gegenüber programmiert. Und dass die Entfaltung des menschlichen Gehirns von ihren vielen Kontakten mit dem Kind bereits während der Schwangerschaft, erst recht dann während des Stillvorgangs abhängig ist, hat die neue Forschung in Amerika[10] nachgewiesen und damit eine alte Wahrheit bestätigt: Opferbereite Liebe ist nicht allein die Voraussetzung zu seelischer Gesundheit, zu Stabilität und Durchhaltevermögen, sondern sogar zur Entfaltung der Intelligenz! Gestillte Kinder schneiden bei IQ-Tests im Alter von acht Jahren durchschnittlich um acht Punkte besser ab als flaschenernährte![11] Und dabei liegt das bestimmt nicht nur daran, dass die Muttermilch allein, die sich natürlich mittlerweile gewiss ebenfalls als die optimale Ernährungsform für den Säugling erwiesen hat, diesen Vorrang verursacht, sondern die durch das Stillen intensive Beschäftigung der Mutter mit ihrem Kind. Auch deutsche Studien[12] bestätigen diese Befunde aus den USA:

In intakten Familien aufgewachsene Kinder haben im Alter von zehn Jahren denen gegenüber, die diese wertvollen ersten Lebensjahre individueller Pflege nicht erleben konnten, einen intellektuellen Vorsprung von zwei Jahren.

Eine solche individuell auch sehr unterschiedliche Betreuungs- und Erziehungsform können Kollektive eben nicht leisten. Sie können nicht die traurigen Pisa-Ergebnisse revidieren. Dazu braucht es Eltern und Großeltern, die sich Zeit für ihre Kinder nehmen, die ihnen zum Beispiel vorlesen, so dass das Buch eine so positive Valenz für das Kind bekommt, dass es die Motivation entwickelt, selbst lesen lernen zu wollen.

Dies sei nur als Beispiel genannt. Die Palette der Argumente für erfolgreichere Erziehung in der Familie als im Kollektiv ist außerordentlich umfänglich. Es würde den Rahmen dieses Kapitels sprengen, sie alle aufzuführen. Nur einige gewichtige seien genannt, so z.B. die Vorgabe Vater. Den Vater aus feministischen Motiven ganz außen vor zu lassen ist Hochmut. Der Vater hat eine außerordentlich wichtige Funktion bei der Erziehung der Kinder, die auch keineswegs mit der der Mutter austauschbar ist. Er ist der beschützende, Ordnung schaffende, der behausende und auch der Grenzen setzende Erzieher. Das sind Vorgaben, die durch das männliche Hirn und die Hormone, z.B. durch das männliche Geschlechtshormon Testosteron, hervorgerufen werden. Sie sind durch die Unterschiedlichkeit seiner Charakterstruktur zu der der Frau, sie sind durch sein männliches Wesen bedingt. Vater und Mutter haben, dadurch bedingt, nicht die gleichen, jederzeit auswechselbaren, sondern einander ergänzende Aufgaben bei der Erziehung der Kinder.[13]

Auch die Geschwister haben gewichtige Funktionen. Sie sind z.B. Verwöhnungsverhinderer. Sie sorgen für eine wirkungsvolle Sozialisation, die wesentlich tiefgreifender zu sein vermag als die im Kollektiv angestrebte; denn echte Brüderlichkeit, echte Schwesterlichkeit sind Voraussetzungen, die tiefer und verbindlicher prägen als der rohe Kampf eines kindlichen Egos gegen das andere in der Kindertagesstätte. Die Einrichtung „Familie" ist eine natürliche Vorgabe, christlich ausgedrückt: Sie ist ein Gebot der Schöpfung und des Schöpfers. Deshalb ist sie auch immer noch nicht ausgestorben, deshalb hat sie dem 30-jährigen Versuch zu ihrer Zerstörung bisher in weiten Teilen immer noch standgehalten. Es gibt sie noch, die gesunden Familien, in denen sich Eltern mit viel Verantwortungsbewusstsein gegen den destruktiven Zeitgeist dafür einsetzen, ihre Kinder zu gesunden Erwachsenen zu erziehen.

Aber gerade deshalb sollten wir die enorme Gefahr, in der sich die Familie befindet, nicht unterschätzen. Um zu widerstehen, ist es von außerordentlicher Wichtigkeit, die geschikkten Argumente, mit denen der Griff des Staates nach den Kindern durchgesetzt werden soll, zu durchschauen. Da ist besonders das so einleuchtende Argument der Notwendigkeit einer „Vereinbarkeit von Beruf und Familie". In der Tat, das hat die 68er Revolte bereits geschafft: Dass wir Frauen nur noch ein einigermaßen passables Selbstwertgefühl zustande bekommen, wenn wir den Männern tatkräftig den Rang ablaufen können. Man hat uns einen Geschlechterkampf ohnegleichen aufgenötigt. Als wenn es möglich wäre, durch aggressives Abstoßen des Mannes die Frau glücklich zu machen! Die mit den 68ern gleichgeschaltete feministische Revolte hat das berechtigte Bedürfnis der Frau nach Bildung, Ausbildung und Verwirklichung ihrer Begabungen ausgenutzt, eine neue Aggressivität zwischen Mann und Frau geradezu zu installieren. Was für eine Schizophrenie! Obgleich alle neuen Umfrageergebnisse von der Shell-Studie[14] bis zu Allensbach und Emnid zutage fördern, dass junge Menschen heute sich als Hauptziel ihres Lebens eine Familie wünschen, ja sogar ihre Kinder selbst aufziehen wollen, werden die Frauen genötigt, durch ein egalisierendes Bildungs- und Ausbildungssystem vorrangig in die Konkurrenz mit dem Mann zu treten.

Gewiss, die Aussicht auf eine berufliche Karriere erhöht sich auf diese Weise. Nur die Hoffnung auf Kinder bleibt dabei mehr und mehr auf der Strecke. Jede dritte 35-jährige Frau ist heute kinderlos, und zwar machen Akademikerinnen dabei die Spitze – hier sind es bereits 40 % der Vierzigjährigen.[15] Soll auf diese Weise planmäßig die Fortpflanzung von Intelligenz, soll die Bildung von herausragender Elite zugunsten gleichgeschalteter Mittelmäßigkeit endgültig überwunden werden?

Es ist doch selbstverständlich, dass sich bei dieser Zielrichtung, bei dieser ideologischen Egalisierung für die Frauen im Konkurrenzkampf mit den Männern, bei ihrem durchgängigen Erwerbsleben eine echte durchgängige Erziehungsmöglichkeit für Kinder nicht ergibt. Und weil die Frauen das in all ihrer Angepasstheit an den Mainstream begreifen, weil sie längst dem zugkräftigen Benachteiligungsgeschrei der Feministinnen anheim gefallen sind, heiraten viele erst gar nicht mehr. Und wenn sie sich dennoch – meist reichlich spät – zu einem Kind entschließen, plädieren selbst viele Frauen in dieser Lage für eine kollektive Betreuung der Kinder. Aber um welchen Preis! Wieviel Freude geht ihnen an dem täglichen Umgang mit den kleinen Kindern als junge Mütter verloren! Wie drohend wachsen sich die Gefahren einer unzureichenden Verbundenheit des Kindes mit seiner Mutter zu pubertären Rachefeldzügen gegen all sein Verlassensein aus! Kürzlich sagte eine hochgestellte Journalistin, die gerade ein Kind bekommen hatte, giftig zu mir: „Sie, Christa Meves, machen uns ein schlechtes Gewissen.“ „Nein“, erwiderte ich, „Sie haben (auch ohne Meves) ein schlechtes Gewissen, denn das sagt Ihnen, wo sie jetzt eigentlich sein sollten!“

Unsere an die Regierung gelangten Gesellschaftsveränderer können sich angesichts dieser Verschwisterung mit dem Feminismus nur die Hände reiben; denn nun können sie es wagen, ihr sozialistisches Konzept, das sich längst als entfaltungshemmend erwiesen hat, argumentativ abgefedert durch ihre scheinbaren Bemühungen, eine „Vereinbarkeit zwischen Erwerbstätigkeit und Familientätigkeit" herzustellen, in Ruhe installieren.

Wie das gehandhabt wird, soll an einem Beispiel verdeutlicht werden. Kürzlich hat ein Gutachten des Deutschen Instituts für Wirtschaftsforschung publiziert, dass in Bayern und Baden-Württemberg angeblich unzureichende Zustände im Hinblick auf die kollektive Betreuung von Kindern herrschen. Es mangelt an flächendeckenden Kinderbetreuungseinrichtungen. Weniger als jedes dreißigste Kind nur hat in diesen beklagenswert hinterwäldlerischen Ländern einen Krippenplatz und kaum jedes sechste einen Platz in einer Kindertagesstätte. Die Regierungen dieser Länder werden – so heißt es – tief, tief in ihre Taschen greifen müssen, um den angeblichen „Missstand" zu beheben; denn bundesweit sind nach den Berechnungen des Instituts pro Jahr 22 Milliarden Euro bereitzustellen, um endlich dafür zu sorgen, dass es für junge Frauen auch in diesen Ländern in Zukunft weiterhin keine „Falle Mutterschaft" gibt.[16]

Das Forschungsprojekt hat ausgemacht, in welchen Ländern der Bundesrepublik hier bereits der „Fortschritt" installiert ist und infolgedessen kaum weiterer Finanzbedarf besteht: Es handelt sich um Hamburg, Bremen, Berlin und die Länder der ehemaligen DDR – außer Sachsen.

Weiteren bundesdeutschen Mangel hatte gleichzeitig die internationale Schülervergleichsstudie Pisa sichtbar gemacht. Hier hingen die deutschen Schüler ganz hinten dran mit einem knappen „Ausreichend" hinter den leistungskräftigen Kindern in Hinterasien: in Japan, Südkorea und Neuseeland – in Europa hat hier allein Finnland einige Trümpfe vorzuweisen.[17]

In der Tat, da ist Handlungsbedarf, da sollte der Staat eingreifen, so hallt es durch die Medien, um der offenbar unzureichenden häuslichen Erziehung der Deutschen unter die Arme zu greifen.

Aber ehe abermals im Handstreich eine „flächendeckende" Kollektivierung, jetzt der Kleinkinder, eingeführt wird, möchte man doch zu bedenken geben, dass genau jene beiden deutschen Länder, die wegen ihrer Rückständigkeit getadelt werden, im deutschen Ländervergleich als die abschneiden, in denen die Welt noch ein wenig mehr in Ordnung ist: bessere Schulleistungen, weniger Kriminalität, ein beachtlicher wirtschaftlicher Status.

Hingegen schneiden in Statistiken, die die negativen Sozialindikatoren eruieren, gerade diejenigen Länder besonders schlecht ab, die nun schon seit vielen Jahren eine sehr weit gehende Versorgung mit Krippen und Kindertagesstätten aufzuweisen haben. Es handele sich eben um ein „Schichtenproblem", behaupten die Krippenbefürworter flink. Muss daraufhin - zu unsäglichem Ruin (von der PDS neu beflügelt) der Schluss gezogen werden, dass dann eben die Upperclass abzuschaffen ist? Wäre hier nicht eher Chancengleichheit zu erreichen, wenn man alle Eltern so ausstatten würde, dass die einzelnen Familien mehr Chancen hätten, der internationalen Konkurrenz gewachsen zu sein?

Aber dazu müsste zunächst einmal die Wahrheit auf den Tisch. Es müsste mit der falschen Vorstellung aufgeräumt werden, dass Mütter entbehrlich, ja, dass sie nichtswürdig und abschaffenswert seien. Es müsste der lebenswichtigste Beruf aller Berufe, die Mutterschaft, erst einmal wieder anerkannt werden. Stattdessen ist anderes geplant: Wird eine vollerziehende, schon ganz und gar eine kinderreiche Mutter, die von ihrem Ehemann versorgt wurde, zur Witwe, so soll künftig ihr Unterhalt von 60 auf 40 % seiner Einnahmen, also auf ein Existenzminimum, gestrichen werden. Geplant ist zudem neuerdings, die Frau und unmündigen Kinder eines die Familie allein ernährenden Vaters nicht mehr mit in seine Krankenversicherung einzuschließen. Das sind weitere unverantwortliche Schritte, um Müttern den Mut zu mehr Kindern und ihrer Möglichkeit, voll Mutter zu sein, zu nehmen.

Wie klar lässt sich an solchen Vorschlägen zur Sanierung der elend zerrütteten Staatsfinanzen erkennen, dass unsere Regierung nicht bereit ist, aus den Forschungsergebnissen und den negativen Erfahrungen mit der sozialistischen Ideologie zu lernen. Denn es müsste doch gerade besonders den Müttern geholfen werden, statt sie auf diese Weise in die außerhäusliche Erwerbstätigkeit geradezu hineinzuzwingen! Wie oft müssen dann ihre allmorgendlich hinabgewürgten Tränen bei der Trennung von ihren Kindern später mit Tränen über Tränen bezahlt werden, wenn die einst abgeschobenen Kleinen sich im Jugendalter mit Rundumschlägen zu rächen beginnen.

Das viele Geld, das nun in Baden-Württemberg und Bayern lockergemacht werden soll, wäre besser verwendet, wenn man weiter in der Richtung bliebe, die es diesen Ländern bisher ermöglicht hat, einen höheren Leistungsstand zu haben als in den übrigen Ländern der Bundesrepublik Deutschland; denn in vielen Familien dieser Länder werden die kleinen und vielleicht sogar auch noch viele größere Kinder ganz offensichtlich in größerer Zahl noch von den Familien selbst betreut, vor allem in schwieriger Situation der Jung-Familie auch durch die Mithilfe von Großeltern und weiteren Familienangehörigen.

Es ist zu hoffen, dass die Regierungen von Bayern und Baden-Württemberg sich ihr gutes Abschneiden im Ländervergleich nicht zu einem Nachteil ummünzen lassen, denn hinter den kollektivistischen Neuerungsvorschlägen steht eben die veraltete familienfeindliche Ideologie.

Es ist also von allerhöchster Dringlichkeit, den Verführern nicht auf den Leim zu kriechen. Gewiss ist jede strebsame Frau heute in diesen Konflikt eingespannt, gewiss wird die Schiene zur egalitären Ausbildung mit dem Mann so früh installiert, dass der Wunsch nach einer Familie dabei heute schon viel zu oft leidvoll und ungewollt auf der Strecke bleibt. Und selbst wenn die Sehnsucht nach dem Kind sich durchsetzt, bleibt ein geglücktes Aufziehen von Kindern bei ihrer durchgängigen Kollektivierung, bedingt durch die ebenfalls durchgängige Erwerbstäigkeit der Mutter, eine Zitterpartie. Die verheerende Zahl der jungen Menschen, die ab 16 ihren Erzeugern das Leben zur Hölle machen, ist so groß, dass nicht nur unser Gesundheitssystem allein daran zu zerbrechen droht.

Wir müssen also den Versuch machen, den hochgezüchteten Konflikt als ein Selbstmordprogramm zu erkennen. Zu dieser Einsicht gehört, dass wir neu lernfähig und klug andere Prioritäten setzen und dem so stark hervorgetretenen Bedürfnis junger Menschen nach Geborgenheit in einer intakten normalen Familie wieder Rechnung tragen.

Dazu gehört ein konstruktives Konzept der Umgestaltung des gesamten Bildungssystems, so dass diesem gesunden konstruktiven Wunsch junger Menschen wieder Raum gegeben werden kann und die Notwendigkeit einer gedeihlichen Gesellschaft neu ins Auge gefasst wird.

Wir haben einen ersten Schritt zu einem solchen Konzept[18] in unserem Verein „Verantwortung für die Familie“ entworfen. Denn wir brauchen als erstes ein Konzept, das den unaufgebbaren Wert der Familie wieder zur Geltung bringt, ohne dass das für die Frau eine Sackgasse ist. Das muss zur Voraussetzung haben, dass die Wahlfreiheit zur Ausbildung in den verschiedensten Berufen und auch zur Wiederaufnahme ihrer ursprünglichen Berufstätigkeit nach einer Familienphase sowie spätere berufliche Weiterentwicklung erhalten bleiben, und es muss gleichzeitig der Wert, ja die Berufung zur Mutterschaft gegen alle Abwertung als eine Berufung von höchster Qualität und Notwendigkeit bewusst gemacht werden.

Diese wesentlichen und berechtigten Bedürfnisse der modernen Frau lassen sich durch das Konzept „Mutter als Beruf“ erfüllen. Es hat folgende Schwerpunkte:

- Jede Frau kann nach ärztlicher Feststellung und Bescheinigung der Schwangerschaft in eine halbjährige Ausbildung zum Beruf der vollerziehenden Mutter treten. Sie schließt mit einem Zertifikat ab.
- Nach der Geburt des Kindes erhält sie diese Berufsbezeichnung und einen Anspruch auf ein monatliches Gehalt sowie einen Rentenanspruch.
- Die Zahlungen und die Rentenansprüche werden mit der Zahl der Kinder und der Jahre ihrer Tätigkeit als vollerziehende Mutter aufgestockt. Bei den Wahlen erhält jede Mutter so viele Stimmen, wie sie unmündige Kinder hat.
- Fortbildungsveranstaltungen im vierwöchigen Turnus begleiten die jungen Mütter bei ihrer Erziehungsarbeit. Die Beteiligung der Väter daran ist erwünscht.

(Das gesamte Konzept befindet sich in meinem Buch „Aufbruch zu einer christlichen Kulturrevolution“, Stein 2002.)

Durch die Verwirklichung dieses Modells würde den Industrienationen aus lebensgefährlichen Sackgassen herausgeholfen. Diese Regelung würde es ermöglichen, den wirtschaftlichen Niedergang und die Bevölkerungsimplosion aufzuhalten, und zwar aus folgenden Gründen:

- Es würden sich mehr Frauen im jungen Alter zur Mutterschaft entschließen, statt den Abschluss langjähriger Berufsausbildungen anzustreben und schließlich – wie heute häufig – den Plan einer Familiengründung gänzlich aufzugeben, gewissermaßen zu verpassen, oder, bei der Entscheidung für die Familie, keine Möglichkeit zum späteren Wiedereinstieg in den Beruf zu finden, sodass Kraft und Geld sich als vergeudet erwiesen.
- Die jungen Frauen würden so viel finanzielle Sicherheit erwerben, wie sie sie in Zukunft, zumindest in Deutschland,

nie mehr bekommen würden, weil sich der Generationenvertrag aufgrund des Geburtenschwunds bereits für ihre Generation nicht mehr realisieren lässt.

- Die Arbeitslosigkeit würde um die vielen Frauen dezimiert, die eigentlich gar keinen Arbeitsplatz suchen, weil sie zu Hause dringend gebraucht werden. Viele dieser Frauen sehen sich genötigt, sich das Arbeitslosengeld des Staates zu erschleichen.
- Die Krankenkosten und die Zahl der Sozialhilfeempfänger würden auf ein noch bezahlbares Maß absinken, weil so viel mehr Kinder durch gekonnte individuelle Erziehung zu seelisch gesunden Erwachsenen reifen würden.
- Das schulische Niveau der Kinder in Deutschland würde sich anheben, weil die jungen Mütter sich mit den Kindern im Vorschulalter planvoll angeleitet beschäftigen und in ihnen z.B. durch Vorlesen Freude am Buch und am schulischen Lernen wecken würden.
- Die Anerkennung der Unaufgebbarkeit der Familie und des hohen Wertes der Mutteraufgabe hätte Glück für den Einzelnen und Gedeihlichkeit der Gesellschaft zur Folge.
- Die finanzielle Belastung der öffentlichen Hand wird die Beträge, die bei der flächendeckenden Einrichtung von Krippen, Tagesstätten und Horten benötigt werden (22 Milliarden Euro pro Jahr), gewiss nicht übersteigen. Langfristig ist unser Modell das weniger teure Programm, weil Arbeits-, Liebes- und Bindungsfähigkeit bei den jungen Menschen gesteigert werden.

Reichen denn die Langzeiterfahrungen des Ostblocks immer noch nicht aus? Hat dessen Niedergang nicht vorab etwas damit zu tun, dass das Potential an arbeitsunfähigen Menschen dort in einem die Wirtschaft zerrüttenden Ausmaß zugenommen hatte? Wie blind für solche Fakten muss eine Regierung sein, die nicht erkennt, dass hierzulande 28 % ihrer Arbeitslosen gar nicht mehr vermittelbar sind und dass das alles sehr viel mit Familienpolitik zu tun hat? Wann endlich wacht denn die Bevölkerung der Bundesrepublik Deutschland auf? Wann merkt sie endlich, dass die Zersetzung der Familie ein Selbstmordprogramm ist und sowohl bei den parlamentarischen Debatten als auch im Wahlkampf Priorität haben müsste? Das Familienministerium ist eine von den Bürgern finanzierte Einrichtung. Sollte man es nicht schnellstens abschaffen, wenn es die Weichen auf Niedergang statt auf Gedeihlichkeit stellt und damit nicht den Auftrag erfüllt, der ihm per Grundgesetz vorgegeben ist? Protest der Eltern tut Not; denn ihnen zuvörderst ist das Recht zugesagt, ihre Kinder zu erziehen. Möge in später Stunde doch noch einmal der Ruf erschallen: „Wir sind das Volk!"

Wir brauchen neuen Mut, der Sackgasse unseres einseitigen Ausbildungssystems für Frauen endlich Valet zu sagen. Eine Gesellschaft, die trotzig die Vorgaben vernachlässigt, die in der Spezies Mensch nun einmal existieren, handelt sich grundsätzlich ihren Untergang ein. Wir dürfen uns nicht länger durch schädliche sozialistische Umtriebe einlullen lassen; denn Sein oder Nichtsein ist hier gewiss die Frage.

Exkurs I:

Die Single-Familie

Die „Single-parent-family" ist ein Merkmal hoch entwickelter Industriegesellschaften und eine Folge des sozialen Umbruchs in diesen Gesellschaften. Sie ist dadurch gekennzeichnet, dass ein Elternteil allein mit dem Kind bzw. den Kindern zusammenlebt, so dass der Hauptteil der Erziehungsarbeit und Familientätigkeit mehr oder weniger ungeteilt in dessen Hand liegt.

In den Industriegesellschaften ist der Anteil der Single-Familien in den vergangenen drei Jahrzehnten ständig gestiegen, so dass z.B. in Hessen bereits fast ein Fünftel der Familien aus dieser Lebensform besteht. Dabei ist ihre Zahl seit 1990 um die Hälfte gestiegen, während die der Ehepaare mit Kindern um nur ein Prozent zunahm. Zwei Drittel der Alleinerziehenden haben nur ein Kind zu versorgen, ein Viertel zwei Kinder und acht Prozent drei und mehr Kinder.[19]

Die Formen und Ursachen für das Leben als Single-Familie sind in den vergangenen Jahrzehnten einer starken Wandlung ausgesetzt gewesen. Bis in die Mitte des 20. Jahrhunderts wurde sie mehrheitlich durch den Tod eines Elternteils hervorgerufen. Besonders der Väterschwund durch die beiden Weltkriege verursachte häufig Schicksale dieser Art; aber die eigentliche Single-Familie war noch sehr selten, weil die Vater- oder die Mutterlosigkeit damals im allgemeinen durch Notsituationen entstand bzw. als solche erlebt und noch mehrheitlich von den Ursprungsfamilien aufgefangen wurde. Zudem hatten in der Mitte des Jahrhunderts viel weniger Frauen eine Berufsausbildung; sie waren als Alleinerziehende meist nicht berufstätig. Sie waren deswegen oft viel zwingender des Schutzes der Ursprungsfamilie bedürftig, die zu dieser Zeit auch noch mehrheitlich einsprang.

Die Zunahme der Single-Familie war sowohl eine Folge der gelockerten Scheidungsgesetze ab 1975 wie der gelockerten gesellschaftlichen Einstellung zum Alleinerziehen und zur Unehelichkeit von Kindern. Darüber hinaus entwickelte sich in zunehmendem Maße eine Abnahme der Familienbindungen, speziell des Zusammenhaltes von Drei-Generationen-Familien.

Da in Deutschland seit der gesetzlichen Erleichterung der Scheidungsgesetze ein sprunghaftes Ansteigen der Ehescheidungen zu verzeichnen war und sich kontinuierlich bis heute fortsetzt (in Deutschland wird jede dritte Ehe geschieden), besteht seitdem der größte Teil der Single-Familie aus einem geschiedenen bzw. getrennt lebenden Elternteil mit Kind (bzw. mit Kindern). Dabei wohnen 85 % der Kinder bei der Mutter, und diese ist in der Mehrzahl der Fälle berufstätig. Das trifft aber auch auf jene Single-Familien zu, bei denen dic Mutter unverheiratet geblieben ist. Auch diese Form der Single-Familie hat zugenommen, weil das uneheliche Kind von der Gesellschaft weitgehend toleriert wird, manche Beziehungen zwischen den Eltern schon vor der Geburt des Kindes gescheitert sind und die beruflichen Möglichkeiten der Frau sich gesteigert haben. Manche Frauen lehnen bewusst eine Eheschließung ab und ziehen freiwillig den Status der Single-Familie vor. Die Kinder dieser Mütter sind also Wunschkinder. Die meisten Alleinerziehenden haben nur ein Kind. Laut Statistischem Bundesamt gibt es in Deutschland 2.033.000 Kinder in dieser Lebensform. 731.000 Alleinerziehende haben zwei Kinder, 203.000 haben drei und mehr Kinder.[20]

Diese Kinder in der Single-Familie sind keineswegs regelmäßig leibliche Geschwister. Oft stammen sie auch aus verschiedenen Beziehungen der Mütter. Meist sind auch diese gescheitert; aber manchmal wird auch der eheliche Status bewusst abgelehnt.

In Deutschland gibt es für Mütter mit Säuglingen seit 1983 ein sogenanntes Babyjahr und sogenannte Erziehungszeiten. D.h., es erfolgen eine gewisse Subventionierung des Staates und eine Verpflichtung der Arbeitgeber, die jungen Mütter nach Ablauf der Erziehungszeit wieder in ihre Betriebe einzustellen. Ein Teil der Mütter aus der Single-Familie nimmt diesen Vorteil aber aus Angst, den Anschluss zu verpassen, und aus Furcht vor der Arbeitslosigkeit nicht in Anspruch. Die Kinder dieser Single-Familien werden deshalb meist früh in Krippen und Kindertagesstätten kollektiviert. Viele Mütter in Single-Familien bemühen sich um Halbtagsstellen, und nicht wenige leben mehr oder weniger von der Sozialhilfe und vom Kindergeld des Staates. In selteneren Fällen springen weiterhin die Ursprungsfamilien ein, sodass die junge allein erziehende Mutter berufstätig ist und die Großmutter derweil die

Kinderbetreuung übernimmt, meist sogar ohne selbst im Haushalt der Single-Familie zu wohnen.

Zwar ist es begrüßenswert, dass die Single-Familien und der Status der Unehelichkeit von Kindern nicht mehr einer gesellschaftlichen Ächtung unterliegen; aber viele Kinder aus Single-Familien entwickeln nach einer scheinbaren Anpassung in der Kindheit vom Jugendalter ab wesentlich mehr Schwierigkeiten als Kinder aus stabilen Familien mit verheirateten, zusammenhaltenden und die Kinder gemeinsam erziehenden Eltern. Oft verliert der oder die Alleinerziehende bei den Heranwachsenden vom Pubertätsalter ab jeglichen Einfluss auf das Kind. Der Zusammenhalt erweist sich häufig als unzureichend. Die Kinder scheren aus der Schule oder der Ausbildung aus, manche verfallen einer Sucht oder zeigen Züge von neurotischer Verwahrlosung mit der Symptomtrias Ordnungsfeindlichkeit, Aggressivität und Passivität. Oft lösen sich die Herangewachsenen im Bruch von der Mutter bzw. dem Vater ab, nachdem es vorher zu schweren Auseinandersetzungen gekommen ist. Viele beginnen früh mit sexuellen Beziehungen und verhalten sich häufig promiskuitiv. Ein Großteil krimineller und suchtkranker junger Menschen stammt aus unvollständigen Familien.

Negative Folgeerscheinungen stellen sich besonders in Single-Familien mit Scheidungswaisen ein, zumal, wenn sie in eine kontinuierliche Kreidekreissituation zwischen den getrennt lebenden Eltern geraten und diese ihre gegenseitigen Aggressionen auf dem Rücken des Kindes austragen; denn in den wenigsten Single-Familien besteht kein Kontakt mehr zum getrennt lebenden Elternteil. Das meist gemeinsam anberaumte Sorgerecht involviert ein Besuchsrecht des abgetrennt lebenden Elternteils. Da sich in ungezählten Fällen die Spannungen zwischen den Eltern nach der Scheidung fortsetzen, werden die Kinder nur allzu häufig zur Parteinahme für den einen oder den anderen Elternteil genötigt (Parental alienation syndrome). Nicht selten versuchen sogar beide Eltern das Kind zu beeinflussen, gegen den einen Elternteil und für den anderen Partei zu ergreifen. Diese Kreidekreissituation pflegt die Seele der Kinder nachhaltig zu überlasten und ihrer Entwurzelung sowie seelischen Desorientierung Vorschub zu leisten. An den negativ verlaufenden Single-Familien lässt sich ablesen, dass bei dieser Lebensform der Wert des Rückhaltes durch eine vollständige Familie und der Vorteil der gemeinsamen Erziehung durch beide mit ihren Kindern zusammenwohnende Eltern weitgehend unterschätzt worden sind. Das trifft vor allem auf diejenigen allein erziehenden Mütter zu, die diese Lebensform ohne Not auf dem Boden eines feministisch geprägten Autonomiebegriffs in ideologischer Ablehnung der tradierten Familienstruktur in eigenständiger Entscheidung gewählt haben. Eine Großuntersuchung schwedischer Kinder aus Ein-Eltern-Familien zieht eine erschreckende Bilanz: Kinder von Alleinerziehenden werden dreimal so häufig drogenabhängig, doppelt so häufig psychisch krank und begehen doppelt so oft Selbstmord.[21]

Single-Familien, die aus einer Notlage entstanden sind, haben hingegen wesentlich mehr Chancen, dass die Kinder nicht seelisch beschädigt werden. Finanzielle Mühseligkeit oder Verlust des Vaters durch einen frühen Tod kann es ermöglichen, dass Kinder bei ihrer allein erziehenden Mutter rascher und nachhaltiger ein reifes Verantwortungsbewusstsein entwickeln.

Einige Beispiele sollen das Gesagte konkretisieren:

Eine mir unbekannte Mutter mit drei erwachsenen Kindern schreibt mir einen Brief: „Ich bin eine allein erziehende Mutter gewesen“, schreibt sie, „weil mein Mann, Landwirt auf einem kleinen Hof in Westfalen, von seinem eigenen Trecker begraben wurde, als unser jüngstes Kind zwei Jahre alt war. Für mich war das eine grauenhafte Katastrophe, und ich habe es zunächst kaum für möglich gehalten, meine drei Töchter in eigener Regie groß zu bekommen. Meine Eltern wohnten weit weg, und der Hof war schließlich unsere Lebensquelle. Wir mussten vor Ort bleiben. Gute Freunde und der Glaube haben mir aber doch die Kraft geschenkt, durchzuhalten und mich in alle die Bereiche zu vertiefen, die bisher in der Hand meines Mannes lagen. Ein einsatzfähiger Jungbauer half mir bei der Landwirtschaft, und darüber hinaus habe ich mich auf Hundezucht geworfen – eine zusätzliche Einnahmequelle, die sich als außerordentlich positiv erwies. Vor allem war es möglich, auf diese Weise bald schon meine kleinen Mädchen mit als Hilfskräfte einzubeziehen, die an der Pflege und Versorgung, besonders der Welpen, große Freude hatten. Jetzt sind sie erwachsen, haben alle drei geheiratet und mich bereits schon mit vier Enkeln beschenkt. Wenn ich zurückschaue, weiß ich, dass ich das allein – ohne himmlische Hilfe – gewiss nicht geschafft hätte. Aber es war darüber hinaus auch noch so, als sei mein Mann gar nicht total von uns fortgegangen. Wie oft haben wir zum Foto hinaufgeschaut und uns bei den verschiedensten Gelegenheiten gesagt: ‚Wie hätte Vater sich darüber gefreut!‘ ‚Wie würde Vater dieses Problem gelöst haben?‘ ‚Zu welcher Entscheidung hätte Vater jetzt wohl geneigt?‘ Allein erziehen, das ist so ähnlich wie mit nur mit einem Bein gehen zu müssen. Eigentlich ist es unmöglich. Es bedarf der Abstützung durch den Glauben. Ohne ihn hätte ich diese überdimensionale Aufgabe gewiss nicht gepackt.“

Das entspricht einer häufig gemachten Erfahrung in der psychotherapeutischen Praxis: Kinder, die durch einen solchen Schicksalsschlag einen geliebten Vater verlieren, deren Mütter aber Kraft aus dem Glauben schöpfen, wachsen eher zu seelisch gesunden Erwachsenen heran, schon ganz und gar, wenn dieser Vater weiter einen positiven imaginären Einfluss auf die kleine Restfamilie ausübt.

Diese Erfahrungen haben sich auch bei den Kriegerwitwen und ihren Kindern gezeigt: Not schweißt zusammen und hat einen stabilisierenden Einfluss auf die Erziehung der Kinder. Das gilt auch für die groß gewordene Zahl der Kinder, die heute bei nur einem Elternteil aufwachsen müssen. Allerdings gibt es oft Situationen, die dieses Zusammenhalten zusätzlich erschweren, z.B. wenn sich der Ehemann und Vater ausgeklinkt hat. In diesen Fällen kommt es leider nicht selten zu zusätzlichen Belastungen der Scheidungswaisen. Das Pendeln zwischen Vater und Mutter, das Hin- und Hergerissenwerden zwischen Parteinahmen für den einen oder den anderen (denn beide Eltern buhlen um die Gunst der Kinder) kann oft negative Auswirkungen haben. Eine solche Schicksalsmitgift schlägt häufig schwer heilende Wunden. Aggressionen, Schulversagen, Depressionen der Kinder sind dann die Folge. Allein erziehen ist in solchen Fällen eine enorme Überforderung für die Mutter ebenso wie für die Kinder.[22]

Es kann deshalb nicht verwundern, dass Kinder geschiedener Eltern, die bei nur einem Elternteil aufwachsen, häufiger kriminell werden.[23]

Die Situation verschärft sich noch, wenn die Mutter ohne triftigen Grund diejenige ist, die den Ehepartner hinter sich gelassen hat. Oft werden in solchen Fällen die Kinder aufgeteilt. Aber die Erfahrung lehrt: Besonders diejenigen Mütter, die nun in unbekümmerter Freiheit andere Männer an sich ziehen, erleben mit den bei ihnen lebenden Kindern nicht selten die bösesten Überraschungen. Diese machen die Lebensform der Mutter oft nur scheinbar mit, rächen sich dann aber mehr oder weniger unbewusst, je nach Temperament, verschieden, entweder durch unerträgliche Widerborstigkeit im Verhalten, durch mutlose Antriebsschwäche, oder sie driften im Jugendalter gar in die Verwahrlosung bis zum Untertauchen in die Prostitution oder ins Rauschgiftmilieu ab.

Aber es gibt auch geradezu heroische Fälle, besonders unter denjenigen allein erziehenden Müttern, deren Schwangerschaft ungewollt eintrat und die daraufhin von ihrem Freund verlassen wurden, weil dieser eine familiäre Bindung nicht mittragen konnte oder wollte. Diese jungen Mütter haben meist nur ein Kind. Unter vielen Tränen haben sie sich – nicht selten gegen einen erheblichen Druck aus ihrem Umfeld – nicht davon abbringen lassen, das Kind auszutragen. Oft sind diese Mütter gezwungen, ihr Brot selbst zu verdienen, aber hier zeigt sich immer wieder, dass es viel gnädiges Geschick gibt, z.B. dadurch, dass Tätigkeiten gefunden werden, die vom häuslichen Bereich aus praktiziert werden können, als Schreibkraft am PC, als Schneiderin, als Tagesmutter, in einer selbstständigen Tätigkeit, die es möglich macht, dennoch in der Nähe des Kindes zu bleiben.

Überhaupt – und nicht nur in diesem speziellen Bereich – zeigt sich immer wieder, mit wieviel Geschick Alleinerziehende mit dem Schicksalshammer einer ungewollten Schwangerschaft fertig werden und Nischen entdecken, um ihre Kinder doch durch ihre Kindheit hindurch möglichst selbst zu betreuen. Nur in der allergrößten Aussichtslosigkeit finden sich diese Mütter schließlich damit ab, ihre Kinder Krippen oder Tagesstätten zu überlassen.

Grundsätzlich gilt: Mütterliche Halbzeittätigkeiten sind für die Kinder wesentlich bekömmlicher als ein achtstündiger Arbeitstag. Tätigkeiten ohne Dienstzeiten am Wochenende bewähren sich mehr, als wenn die Kinder in ihrer Freizeit irgendwo hinmüssen, wohin sie nicht gerne gehen und sich nicht wohl fühlen. Nicht alle Verwandten (auch manchmal Großeltern nicht) haben Verständnis für die Situation der Alleinerziehenden. Sie empfinden die gelegentliche Betreuung des Kindes als lästig, wodurch sich dieses als abgeschoben erlebt.

Das Gegenteil ist allerdings häufiger: dass allein erziehende Mütter von bemühten Eltern, von ihren Müttern besonders, manchmal auch von Tanten, Paten und anderen Verwandten bei ihrer Kindererziehung unterstützt und aufgefangen werden. Es gibt, besonders im Süden Deutschlands noch die fest zusammenhaltende Großfamilie, die sich solchen Situationen opferbereit und verantwortungsbewusst stellt und allein erziehenden Eltern mit Rat und Tat zur Seite steht.

Je mehr sich die Mütter und ihre Angehörigen mühen, trotz des fehlenden Vaters für ihre Kinder da zu sein, umso mehr vergrößert sich dann auch die Chance, dass die Kinder in der Pubertät nicht in die Irre gehen und für die Angehörigen schließlich gar nicht mehr erreichbar werden.

Es gibt auch ein Sich-Gesundschrumpfen der Restfamilie nach der Trennung von einem psychisch kranken Familienvater, der z.B. durch einen chronischen Alkoholismus das Überleben seiner Familie immer neu gefährdet hatte. In solchen Familien kann das Alleinerziehen der Mutter von allen Beteiligten als Befreiung, ja, als Erlösung erlebt werden, obgleich es besonders für die Buben schwer ist, ohne ein väterliches Vorbild heranwachsen zu müssen.

Allein erziehende Väter gibt es großenteils nur auf dem Papier bzw. nur für eine verhältnismäßig kurze Zeit. Väter, die ihre Berufstätigkeit über Jahre zurückstecken und sich hauptamtlich um die Kinder kümmern – sei es, weil die Ehefrau gestorben ist oder sich zur „Selbstverwirklichung" entschlossen hat – gibt es nur in einer verschwindenden Minderzahl. Die meisten allein gelassenen Väter sehen sich im Allgemeinen bald nach einer zusätzlichen Bezugsperson um, einer neuen Partnerin, der Großmutter der Kinder oder einem Aupairmädchen aus fernen Ländern. Dabei kann es für Kinder jenseits der Zehnjährigkeit, ganz besonders für die Buben, von großem Wert sein, vorrangig vom Vater erzogen zu werden. Die Gefahr, dass mütterliche Verwöhnung die Kinder in eine neurotische Bequemlichkeit bringt, ist allgemein bei allein erziehenden Vätern geringer. Aber wie gesagt, nur selten finden sich Väter über Jahrzehnte zu dieser opferbereiten Aufgabe bereit.[24]

Bitter Trauriges lässt sich in Bezug auf das Alleinerziehen eines Kindes erleben, wenn dieser Status nicht aus einer Notsituation hervorgegangen ist, sondern aus rationaler Opposition gegen das Erziehungsoptimum durch leibliche Elternschaft. Eigenwille dieser Art zahlt sich nicht aus. Folgendes Beispiel wurde mir vor kurzem übermittelt:

Eine Power-Frau – attraktiv, selbstbewusst und tüchtig – hatte auf Karriere gesetzt mit blendendem Erfolg. Mit 32 hatte sie einen angesehenen Posten in der Chefetage ihres Betriebes. Männern begegnete sie mit nur knapp verhüllter Verachtung. Eine angemessene Partie zur Verstärkung ihres Prestiges hatte sich nicht gefunden. Bis über den Kopf verliebt hatte sie sich nie. Aber mit knapp 40 kam ihr zum Bewusstsein, dass ihr doch in ihrem eleganten Leben etwas fehlte: „Ich will ein Kind“, kam es ihr in den Sinn. Sie ließ sich in die Außenstelle ihres Betriebes nach New York versetzen. Hier heuerte sie sich eine Leihmutter an, die nach einer extrauterinen Insemination mit ausgelesenem Sperma von der Samenbank ihr die Tochter zur Welt brachte. Um weiterhin berufstätig und unabhängig bleiben zu können, nahm sie sich eine Kinderschwester, die sich allerdings als eine lieblose und wenig zuverlässige Professionelle erwies. Ungestillt, viel schreiend und meistens durch irgendwelche Infekte beeinträchtigt, verbrachte das Kind die ersten Lebensjahre. Schon in den ersten Tagesschulen entwickelte das Mädchen Lernschwierigkeiten. Mit 14 Jahren schickte die Mutter es in ein Internat in der Schweiz – weit weg, mit dem Ozean dazwischen. Dort geriet es bald an Drogen. Im Alter von 17 Jahren setzte die Schule die lernunfähige Schülerin an die Luft. In Frankfurt ließ sie das Ticket nach New York verfallen und verschwand im Untergrund. Die Mutter verlor gänzlich ihre Spur.

Dies ist allerdings der Extremfall eines Experiments, in dem aus egoistischen Motiven die natürlichen Grenzen überschritten worden sind. Egoismus dieser Art zahlt sich nicht aus, weil er Grenzüberschreitung geschöpflicher Vorgaben ist. Der Geist der Beliebigkeit ist eine Anmaßung, schon ganz und gar, wenn weder Verantwortung noch Liebe investiert wird. Deshalb wird in solchen Fällen wenig Segen geerntet. Aber das ist bei der großen Menge der mehr als eine Million Alleinerziehenden in Deutschland nicht die Regel. Bei den meisten steht vielmehr nichtgewolltes Schicksal am Anfang und zwingt einer sich tapfer durchbeißenden Frau diese Lebensform auf. Die Erfahrung lehrt: Je mehr sich diese Mütter mühen, dennoch für ihre Kinder da zu sein, umso mehr vergrößert sich ihre Chance, dass die Jugendlichen nicht in die Irre gehen und stattdessen für ihre Angehörigen weiter erreichbar bleiben.

Oft meistern diese Mütter in bewundernswerter Weise ihre Situation. Kinder brauchen schließlich auch nicht durch ihre gesamte Kindheit hindurch die ständige Anwesenheit ihrer Mütter. Je älter sie werden, umso eher ist es möglich, die Kinder mit einzubinden in die notwendigen Tätigkeiten, um den Lebensunterhalt zu bestreiten, und umso eher ist es auch möglich, sie einmal sich selbst zu überlassen, wenn man sie vorher zu konstruktiven Tätigkeiten angeregt hat.

Dennoch zeigt sich gerade am so viel vergrößerten Risiko des Alleinerziehens, wie ideal das gemeinsame Aufziehen der Kinder in der Obhut eines miteinander harmonierenden Elternpaares ist. Aber wenn das nicht möglich ist, kann andererseits gerade die nicht so sichere Grundsituation den Zusammenhalt und damit die Lebenskraft und Bindungsfähigkeit der Kinder stärken. Allerdings: Das Alleinerziehen als eine freiwillig gelebte Lebensform zu wählen, überschätzt meist die eigenen Fähigkeiten. Trotz gegen die Schöpfungsordnung bewährt sich nicht.

Umso größer muss unsere Hochachtung für diejenigen Alleinerziehenden sein, die über Jahrzehnte hinweg – manchmal sogar mit mehreren Kindern – das Leben allein mit ihnen meistern. In solchen Situationen kann besonders tapferer Glaube mit Kraft beschenken und existentielle Not überwinden helfen.

Exkurs II:

Die Patchwork-Familie

Praxisalltag: „Ich mußte den Mann einfach haben“, sagt eine versorgt aussehende Familiemutter, „er war Oberarzt in der Klinik, in der ich als Krankenschwester arbeitete, wir waren ein klasse Team. Aber er war verheiratet und hatte sogar eine Familie. Seine Frau – auch Ärztin – hatte nicht viel im Sinn mit dem Muttersein. Sie war auch immer berufstätig geblieben und hatte die Kinder schon bald in unsere Krankenhauskrippe gegeben. Als unser Verhältnis herauskam, gab es deshalb kaum Schwierigkeiten mit der Scheidung. Die Frau verlangte lediglich, dass ihr Mann die Kinder übernähme, und dieser wiederum heiratete mich nur unter der Bedingung, dass ich die beiden, zwei fünf- und siebenjährige Buben, hauptamtlich betreuen würde. Das war zu dieser Zeit auch nicht sonderlich schwierig für mich; ich hatte schließlich selbst eine siebenjährige unehelich geborene Tochter, die bisher von meiner Mutter, die jetzt kränkelte, aufgezogen worden war. Auch mein Kind brauchte eine Familie. Außerdem war ich bereits schwanger und bekam in kurzem Abstand bald noch ein weiteres Wunschkind.

Nun hatte ich eine Großfamilie – und das wäre auch gut und schön gewesen, wenn die Schwierigkeiten mit den beiden Stiefkindern nicht zu einem riesigen Problem geworden wären. Im Grunde haben mich beide nie richtig angenommen. Sie haben mich immer wie einen bösen Eindringling behandelt. Schließlich sind sie an mindestens zwei Wochenenden im Monat bei ihrer richtigen Mutter und kommen dann übellaunigst, ja aggressiv zu uns zurück.

Nicht nur, dass sie sich dann taub stellen gegen alles, um was ich sie anspreche, sie machen ständig Krach mit den Kleinen, nehmen ihnen ihre Spielsachen weg, werfen um, was sie gerade gebaut haben, und tricksen sie aus. Es hilft überhaupt nicht, dass ich sie ermahne oder schließlich wütend werde. Sie machen ihren Kleinkrieg einfach weiter.

In diesen Situationen ist mein Mann meist auch noch zu Hause. Er holt seine Kinder ja regelmäßig aus der Wohnung seiner Exfrau ab – aber er stellt die Kinder nicht etwa zur Rede, nein, er verteidigt sie noch, das macht mich nun auch noch auf ihn wütend. Das ruft auf die Dauer immer mehr Entfremdung zwischen uns hervor und führt dazu, dass er in seiner ohnehin kargen Freizeit dem Familienleben immer mehr fernbleibt. Womöglich hat er unter den Krankenschwestern wieder eine Geliebte … Ich bin fix und fertig und sehe doch keinerlei Möglichkeit einer Veränderung. Ich habe mich selbst geradezu in eine Falle hineinmanövriert."

In der Tat, auch für einen Psychotherapeuten ist dann guter Rat teuer, vor allem wenn – wie in diesem Fall – der Ehemann nicht bereit ist, sich beraten zu lassen, und die leibliche Mutter der Buben deren Behandlung ablehnt.

Nicht viel anders ein weiterer Fall: „Ach, es hat doch zunächst nach einer so guten Lösung ausgesehen", klagt eine verzweifelte Mutter in der Praxis, „ich bin total fertig, so können wir nicht weiterleben! Es begann zunächst eher romantisch. Ich hatte im Tennisclub einen tollen Mann kennen gelernt; aber er war in einer Notsituation: Zu Hause hatte er drei halbwüchsige Kinder. Seine Frau war ihm wegen ihrer Karriere und wegen eines anderen Mannes fortgelaufen. In meiner eigenen Ehe kriselte es damals gerade. Mein Mann war beruflich gestresst und verbreitete abends eine miese Stimmung. Gegen die tägliche Frustration fand ich Trost bei meinem Tennispartner. Meinem Mann wurde das hinterbracht. Da setzte er mich und meine beiden Kinder einfach auf die Straße. Was war nahe liegender, als dass wir zusammenzogen!

Eine kleine Weile schien das auch ganz gut zu gehen; aber dann brach das Chaos aus: ewig widerwärtigste Streitigkeiten zwischen den Kindern! Mein Sohn stach seinem Ziehvater eines Tages sogar seinen Fahrradschlauch kaputt, und seine Tochter begann mich nach Strich und Faden zu beklauen. Eine der Töchter wurde von der leiblichen Mutter nach einem Besuch einfach nicht wieder herausgegeben und entfesselte einen neuen Prozess um das Aufenthaltsrecht. Meine Tochter kam von ihrem Besuch beim Vater völlig verstört zurück. Hatte er womöglich etwas Sexuelles mit ihr angefangen? Sie ist total verbockt, gibt nicht einmal mehr Antwort. Wir hatten einen schönen Wunschtraum, aber unsere Wirklichkeit sieht anders aus", schließt die Frau ihren traurigen Bericht. Er ist nur einer unter zahllosen ähnlichen Fällen.

Wie viele Mütter und Väter bekommen unseren Kindern?

Wenn die Kinder hin- und herpendeln, kommt es besonders häufig zu schwelenden Schwierigkeiten, weil jeder der Eltern mehr geliebt sein möchte als der andere und dadurch in die Versuchung gerät, den Expartner und die oder den „Neuen" bei den Kindern herabzusetzen. Abwehr und Abneigung gegen ihre Situation in der Patchwork-Familie kann so nur allzuleicht geradezu gezüchtet werden. Und wie fast zwangsläufig geschieht das, wenn das Kind von dem Elternteil, zu dem es nur gelegentlich zu Besuch kommt, verwöhnt wird! Wie schnell empfindet das besonders der Elternteil, der den Kinderalltag zu bestehen hat, als frustrierend!

Es ist auch eine Illusion, zu meinen, dass sich gleichaltrige Kinder, die plötzlich zu Ziehgeschwistern werden, selbstverständlich gut verstehen. Das Gegenteil ist eher der Fall. Die Rohheit des Kampfes um den besten Platz im Nest wird häufig viel härter durchgeführt als bei den üblichen Rivalitätskämpfen zwischen Geschwistern und geht auf Kosten der Schwächeren. Selten stirbt der Wunsch, Stiefmutter oder Stiefvater hinauszuekeln, um mit den „richtigen" Eltern gemeinsam eine einzige wiedervereinigte Familie zu bilden![25]

Diese Erfahrungen können uns lehren, den Schritt zur Zer-

störung einer Familie nur dann zu vollziehen, wenn durch schwerste Eheunfähigkeit eines Partners ein Zusammenbleiben unerträglich und in hohem Maße unbekömmlich für die Kinder wäre. Hier lassen sich mit Patchwork-Familien die gleichen Erfahrungen machen wie beim Alleinerziehen: Patchwork-Familien, die aufgrund von Not, z.B. durch den Tod einer Familienmutter oder des Vaters der Kinder, anberaumt werden, pflegen im Allgemeinen reibungsloser zu funktionieren. Hier entwickelt sich meist weniger Hass, weniger Aggression, gepaart mit Verweigerung bis zum Schulversagen, weil dieses Schicksal von den Kindern eher als unausweichlich angenommen werden kann.
Auch für die Patchwork-Familie gilt: Familie ist eben nicht – wie unsere Regierungsvertreter definiert haben – einfach schon automatisch „da, wo Kinder sind". Studien über Scheidungswaisenschicksale haben uns immer neu wissen lassen, dass auch heute eine liebevolle, verantwortungsbewusste Gemeinsamkeit zwischen Eltern und Kindern immer noch die optimale Möglichkeit zu einem seelisch gesunden Aufwachsen für sie ist.

Exkurs III:

Die Regenbogen-Familie

Die Familienministerin Christine Bergmann schrieb 2002 in einem Grußwort für eine Lesben- und Schwulenschrift: „Kinder können bei gleichgeschlechtlichen Eltern ebenso gut aufwachsen wie in Familien."[26]

Hat unsere Administration gesicherte Beweise für diese Vorstellung? Vom tiefenpsychologischen Erfahrungsgut her sind viel eher schwer wiegende Bedenken gegen diese neue Unnatürlichkeit anzumelden. Danach prägt sich die geschlechtliche Identität des Menschen in der Kindheit an Mutter und Vater als Vorbilder aus. Durch die Identifikation des Jungen mit dem Vater, des Mädchens mit der Mutter erwirbt das Kind seine Sicherheit in der Akzeptanz seines angeborenen Geschlechts. Und am gegengeschlechtlichen Elternteil wird die spätere Zuneigung zu einem gegengeschlechtlichen Partner vorbereitet. Die renommierte Kinderpsychotherapeutin Annemarie Dührssen schrieb bereits 1960: „In der Identifikation mit der Mutter probiert das kleine Mädchen phantasierend aus, ob es wohl die Rolle als Frau übernehmen könnte. In diesem Sinn muss es auch am Vater lieben lernen, ebenso wie der kleine Junge in der Identifikation mit dem eigenen Vater seine erste Zärtlichkeitszuwendung der Mutter schenkt. Allerdings muss man aber bei der Betrachtung dieser normalen Entwicklungsbedingungen genau beachten, inwiefern sich aus dieser Normalsituation auch neurotische Fehlentwicklungen ableiten können.“[27]

Diese Vorgänge können – so entspricht es dem langjährigen Praxismaterial von Kinder- und Jugendlichenpsychotherapeuten – erhebliche Unsicherheiten in der eigenen seelisch-geistigen Zuordnung zu dem angeborenen Geschlecht hervorrufen und die natürliche Hinneigung zum anderen Geschlecht später blockieren, wenn die entsprechenden Vorbilder fehlen oder eher abschreckend sind. Bei ungezählten Menschen ist das heute bereits der Fall und steigert sich in dem Maße, wie die natürliche Familienstruktur zerstört wird. Seelische Erkrankungen, Blockaden in der Beziehung zum anderen Geschlecht und Perversionen können so vorgebahnt werden. Schon bei der hohen Scheidungsrate und der Vielzahl der Partnerwechsel von Eltern ist das heute eine die seelische Gesundheit der Heranwachsenden oft bereits beeinträchtigende Situation.

Wie unverantwortlich ist es infolgedessen erst, wenn eine solche Situation für Kinder willentlich von vornherein planmäßig hervorgerufen wird wie in den neuen „Schwulenfamilien“! Aber von der Erschwerung der geschlechtlichen Identität einmal ganz abgesehen: Ein natürliches Elternpaar ergänzt sich aufgrund seiner unterschiedlichen Hirnstrukturen bei den erziehenden Vorgängen. Die unterschiedlichen Dominanzen ihres Charakters sorgen dafür, dass weder die mütterlichen noch die väterlichen Einwirkweisen übermächtig werden, und bewirken ein Erziehungsklima, das im besten Fall elterliche Einseitigkeiten entschärft. Diese natürlichen hormonellen und hirnstrukturellen Vorgaben sind die besten Voraussetzungen für ein seelisch gesundes Aufwachsen, wenn sich die Eltern liebevoll und verantwortungsbewusst verhalten.[28]

Das kann ein künstliches gleichgeschlechtliches „Ehepaar" nicht leisten – schon ganz und gar nicht in den Fällen, in denen bereits bei den Eltern die Homosexualität durch eine Fehlprägung in der Kindheit entstanden ist.[29]

Eine staatlich verordnete Maßnahme, die Adoptivkinder, Scheidungswaisen oder künstlich erzeugte Kinder von vornherein geplant an eine ihre normale Entwicklung gefährdende Lebensform ausliefert, ist nicht zu verantworten. Das konterkariert geradezu die Aufgaben eines für die Familie, für die Jugend und die seelische Gesundheit verantwortlichen Ministeriums.

Der abgehalfterte Mann und seine Benachteiligungen

Wie benachteiligt in unserer Gesellschaft die Frauen sind, das ist seit dreißig Jahren mit Vehemenz in das Bewusstsein der Bevölkerung gebracht worden, und vielerlei Ungerechtigkeiten sind durch die energischen Forderungen der Feministinnen mehr und mehr abgebaut worden.

Die Männer setzten dem kämpferischen Feldzug frontal keinerlei Widerstand entgegen. Oft halfen sie sogar aktiv mit, das Ungleichgewicht zu beseitigen, besonders in der Familie: Heute sind die Väter bei der Geburt ihrer Kinder anwesend, sie wechseln die Windeln, sie finden sich bereit zur Beaufsichtigung ihres Nachwuchses. Manche lassen sich sogar längerfristig zum Hausmanndienst abordnen. Kaum ein namhaftes Gremium kann es sich leisten, nicht zumindest einige „Quotenfrauen" zu nominieren. Fortschritt, gewiss; aber wo gehobelt wird, fallen immer auch Späne. Und so stellt sich heute für den aufmerksamen Beobachter oft bereits die Frage, ob die Waage der Gerechtigkeit sich manchmal nicht bereits zur entgegengesetzten Seite neigt. Die Männer in der psychotherapeutischen Praxis jedenfalls sind in der Mehrzahl solche, die durch die Ansprüche ihrer Exfrauen in existentielle Not oder auch in großes Leid geraten sind, weil ihre Einflussmöglichkeit auf die Kinder auf den Nullpunkt gesunken ist. Es sind Männer mit sie bedrückendem Liebeskummer, weil ihre Partnerinnen ihnen den Stuhl vor die Tür setzten, es sind Arbeitslose, die keinen Arbeitsplatz fanden, weil Frauen diesen bereits besetzt haben …

Schlägt das Pendel zur anderen Seite aus? Werden die Männer jetzt zur benachteiligten Gruppe, während die Frauen ringsum die Nase vorn haben und ihnen den Rang ablaufen?

Wenn ja – ist das eine positive Entwicklung? Darf es beim sogenannten Geschlechterkampf um die Macht des einen Geschlechts über das andere gehen? Sind Mann und Frau nicht auf Ergänzung hin angelegt? Erbringt konstruktive Gemeinsamkeit in sinnvoller Arbeitsteilung nicht grundsätzlich die besten Ergebnisse?

„Benachteiligung“ gehört in die Kategorie der Modeworte, die sich prächtig nutzen lassen, um den Menschen kämpferisch zu aktivieren; denn diese Wortwahl will auf eine Ungerechtigkeit hinweisen. Ausgleichende Gerechtigkeit, möglichst fordernd-aggressiv, zu proklamieren und durchzusetzen, kommt deshalb geradezu unweigerlich auf, nachdem der Status der Benachteiligung – auf welchem Sektor auch immer – anklagend ins Bewusstsein geraten ist.

Mit der Devise, benachteiligt zu sein, lässt sich der Mensch grundsätzlich leicht in die Vorstellung hineinmanövrieren, dass er nicht das bekommt, was ihm eigentlich zustehen müsste. Wer von uns ist nicht durch irgendetwas auf irgendeinem Sektor „benachteiligt“? Wie traurig randständig kann man sich fühlen, wenn man z.B. genötigt ist, in Norddeutschland zu leben, wo es so viel regnet, während „die Reichen“ sich in der fast immer scheinenden Sonne der Toskana aalen können?

Das Bedürfnis des Menschen nach Gerechtigkeit durch Überwindung des eigenen Nachteils ist einer der stärksten revolutionsauslösenden Motoren der Menschheit. Randständig zu sein, wird dann als Stachel erlebt – oft berechtigt, gelegentlich aber auch objektiv unberechtigt und unklug. Auf jeden Fall schüren Gedanken dieser Art den Hass, ja oft sogar blutrünstigen Rachedurst und damit die Neigung zu blindwütigen Dammbrüchen.

Deshalb lässt sich mit keiner Wortwahl so mühelos Unzufriedenheit und Unruhe stiften wie durch die lautstarke Verwendung des Wortes „Benachteiligung“ in Bezug auf gesellschaftliche Gruppen – von der Benachteiligung der Arbeitnehmer bis hin zu der der Rentner. Seit 35 Jahren wird deshalb von den Feministinnen zum Kampf gegen den „herrschsüchtigen Mann“ sowie zur Macht über ihn aufgerufen.

Das Endresultat dieser gesellschaftlichen Veränderung darf noch nicht auf den Tisch. Noch muss es unter Verschluss gehalten werden, weil es zu destruktiv ist. Deshalb wird es erst bewusst aufgenommen werden können, wenn der Geburtenschwund und die durch Vernachlässigung hervorgerufene Minderung der Arbeitsfähigkeit in der nachwachsenden Generation den Zusammenbruch des Wohlstands zur Folge haben.

Aber könnte dieser negativen Entwicklung nicht vielleicht durch eine Wendung zu konstruktivem Fortschritt entgegengewirkt werden? Wer ist denn nun z.B. in unserem Bildungssystem am meisten benachteiligt? Wirklich die Mädchen? Nein, bereits im Grundschulalter pflegen in den Koedukationsschulen die Mädchen den Buben den Rang abzulaufen. Sie können besser zuhören, sie können länger still sitzen, sie machen mit weniger Widerstand ihre Hausaufgaben. Die Mädchen sind also bereits in der Grundschule im Durchschnitt erfolgreicher und bekommen nicht selten häufiger eine Empfehlung für das Gymnasium.[1]

Die Benachteiligung der Jungen vermehrt sich auf den Koedukationsschulen jenseits der Zehnjährigkeit drastisch. Buben haben ein langsameres Entfaltungstempo. Sie bleiben deswegen häufiger sitzen als ihre Mitschülerinnen. Sie kommen später zu ihren Schul- und Berufsabschlüssen. Sie haben eineinhalb Jahre Zeitverlust durch Militär- oder Ersatzdienst. Sie hinken ihren Jahrgangsgenossinnen infolgedessen bei der finanziellen Verselbständigung und bei der Existenzgründung hinterher. Und Familienbildung gar ist neuerdings für den Mann oft zu einem halsbrecherischen Unternehmen geworden. Fast 70 % der Scheidungsbegehren erfolgen aufgrund des Antrags durch die Frau, und wenn man sich dann gar auf Vaterschaft eingelassen hat, hat man nur allzu oft das Nachsehen. Der Schraubstock der Zahlungen bleibt über Jahrzehnte oft mit eingeklagten unerbittlichen Ansprüchen bestehen. Aber die Kinder sind futsch – meistens jedenfalls, mehr oder minder …

Wie gesagt, Hausarbeit ist obligatorisch und manchmal sogar Hausmann-Langzeitschicksal. Kein Wunder, dass der Herzinfarkt ab dem 58. Lebensjahr droht und die duchschnittliche Lebenserwartung hinter der der Frauen um sieben Jahre zurückbleibt.

Sind das etwa keine Benachteiligungen? Aber statt nach dem Motto „Aug' um Auge, Zahn um Zahn" den Geschlechterkampf zum Unglück aller mit Gegenangriff zu beantworten, wäre es besser, sich darauf zu besinnen, dass Männer und Frauen einander bedürftig und auf Ergänzung hin angelegt sind. „Nicht mit zu hassen, mit zu lieben sind wir da", wusste bereits Sophokles.

Deshalb soll in den folgenden Kapiteln der Versuch gemacht werden, Männern und Frauen ideologiefrei zu mehr Beachtung ihrer Wesenheit und damit zu mehr Lebenserfolg und Gerechtigkeit zu verhelfen. Zunächst soll das durch eine Analyse der pädagogischen und psychologischen Aspekte in der Ontogenese des Mannes geschehen, danach durch Nachdenken über eine frauengerechte Erziehung der Mädchen; denn diese Fragen bedürfen einer gründlichen Analyse. Auf diese Weise soll der Versuch unternommen werden, das typisch Männliche und das typisch Weibliche ins Auge zu fassen, um eine bessere Basis gegenseitigen Verständnisses zu erreichen.

Der gefährdete Anfang

Es ist keine Neuheit, festzustellen, dass „der kleine Unterschied" mit dem Y-Chromosom beginnt. Normalerweise ergibt sich hier am Anfang ein eklatanter Vorteil des männlichen Geschlechts: Spermien mit den XY-Chromosomen bewegen sich schneller als die mit den XX-Chromosomen, so dass es doppelt so häufig zu einer Befruchtung in derjenigen Kombination kommt, aus der genetisch der Mann entsteht und sich deshalb im dritten Schwangerschaftsmonat die männlichen Geschlechtsorgane zu entwickeln beginnen.[2] Aber hier schon findet ein erster Ausgleich statt: Es sterben während der Schwangerschaft sehr viel mehr männliche Föten ab. Das hat zur Folge, dass nur einige Mädchen weniger als Jungen zur Welt kommen. Im Durchschnitt besteht zunächst ein Verhältnis von 106:100 zugunsten der Jungen.

Doch dieser schmale Überhang verflüchtigt sich – bedingt durch die höhere Sterblichkeitsrate bei männlichen Säuglingen. Der quantitative Vorteil am Anfang gleicht sich durch eine geringere Robustheit des männlichen Kindes aus. Auch im späteren Leben ändert sich das nicht. Todesursachen wie Unfälle, Kriege, Herzinfarkte im besten Mannesalter lassen den Mann im Gegensatz zur zählebigeren Frau von der Überlebenschance her als das schwächere Geschlecht erscheinen. Auch seine gesamte Lebenserwartung bleibt hinter der der Frau um fast ein Jahrzehnt zurück.[3]

Die Bevorzugung der ersten Jahre

Gefährdetes Leben entwickelt grundsätzlich kompensatorische Schübe von Überlebenskraft. Trifft dieses Naturgesetz auch auf die Lebensentfaltung des Mannes zu? In unserer Gesellschaft jedenfalls wird dem männlichen Kind im Allgemeinen Vorrang eingeräumt. Erfasst die Mutter instinktiv, dass es der besonderen Behütung bedarf? Darüber hinaus zeigt sich im Verhalten junger Eltern immer noch, dass das Patriarchat nicht im mindesten überwunden ist: Die Geburt eines ältesten Sohnes löst bei den Eltern im Allgemeinen eine besondere Befriedigung aus: Der „Stammhalter“ hat das Licht der Welt erblickt! Die größere gesellschaftliche Wertschätzung des männlichen Kindes ist evident: Wäre es bereits mit sicherer Methode möglich, das Geschlecht des Kindes vor seiner Zeugung zu bestimmen (die Forschungen dazu sind noch im Gange), so würden sich die jungen Paare überwiegend als erstes für einen Sohn entscheiden.

Diese höhere Wertschätzung des Mannes in unserer Gesellschaft hat sich auch bei den Intersexen, jenen Anomalien der embryonalen Entwicklung, die das eigentlich genetisch angelegte Geschlecht überdecken, gezeigt. Jungen, die wegen des fehlenden männlichen Genitals als Mädchen aufgezogen worden sind, entscheiden sich – wenn in der Pubertät der Irrtum sichtbar wird – mehrheitlich für eine Umwandlung zu ihrer genetisch männlichen Identität, während Mädchen, die als Jungen aufgezogen wurden, sich im Jugendalter mehrheitlich dafür entscheiden, trotz ihrer genetischen Weiblichkeit Jungen bleiben zu wollen, um so die eingeschlagene Ausrichtung zum Mann beizubehalten.[4]

Aus vielen weiteren Details wird sichtbar, dass bereits im Säuglingsalter die alte Präferenz männlicher Kinder in unserer Gesellschaft durchschlägt. Mütter haben, wenn ihr erstes Kind ein Junge ist, ein spezifisch liebevolles Interesse an ihm, eine Gegebenheit, die wegen der größeren Anfälligkeit des männlichen Kindes auch angebracht ist, obgleich das den Müttern keineswegs im Bewusstsein zu sein braucht. Die besondere Fürsorge bewirkt aber nicht selten eine intensive Verbindung der Mutter mit ihrem ältesten Sohn, die oft lebenslänglich erhalten bleibt.

Der häufige Empfangsjubel für den ältesten Sohn setzt sich allerdings keineswegs als eine grundsätzliche Bevorzugung im Umgang mit dem männlichen Kleinkind fort. In seinen folgenden Lebensjahren erfordert der sich gesund entfaltende Knabe eine gesteigerte Aufmerksamkeit. Die sich rasant entwickelnde Motorik, die kaum zu bändigende Neugier, der von noch keiner Vernunft gesteuerte Drang, die unbekannte Umwelt zu erforschen, nötigt den Betreuern oft minutiöse Wachsamkeit ab. Die anstrengendere Erziehung der Buben unterstützt eine aufkommende Präferenz für die Mädchen. Erzieherinnen im Kindergarten pflegen eine mehr oder weniger bewusste Vorliebe für die Mädchen zu entwickeln, weil sie im Allgemeinen besinnlicher spielen und leichter zu lenken sind.

Geraten die Jungen im Vorschulalter in die Konkurrenz mit gleichaltrigen oder auch älteren Mädchen, so ist es mit der Vorrangstellung des männlichen Kindes vorbei. Das liegt nicht allein an seiner stärkeren Unruhe, sondern auch daran, dass seine Entwicklung im Allgemeinen ein langsameres Tempo einschlägt als das der Mädchen. Jungen beginnen oft etwas später zu sprechen und lassen sich meist auch erst später als ihre weiblichen Geschwister zur Stubenreinheit bewegen. Die Trotzanfälle, mit denen die Jungen eine erste instinktive Befreiung von weiblicher Bevormundung wagen, halten meistens länger an und sind ungestümer, so dass sich das Trotzalter bei den Jungen gelegentlich bis ins Schulalter hinein auszudehnen vermag.[5] Bereits vom zweiten Lebensjahr ab entwickelt das männliche Kind beim Spielen spezifische Vorlieben: Bauen, Erfinden, Kombinieren, Kämpfen, Spiele mit Autos und anderen beweglichen Materialien dominieren. Die Grobmotorik vervollständigt sich.[6]

Da der kleine Junge zudem sehr viel stärker dazu neigt, seinen Willen mit Muskelkraft durchzusetzen, und sich nicht selten auch durch unverfrorene Raubzüge von Spielzeug zu behaupten sucht, erregt er in seiner Umwelt viel häufiger Anstoß als die Mädchen. Dadurch ist er im Allgemeinen mehr Tadel ausgesetzt. Er wird auch häufiger geschlagen, was sowohl seine Aggressivität als auch ein verstecktes Minderwertigkeitsgefühl weckt.

Seelisch gesunde Jungen lassen sich allerdings nicht in die Ecke drängen. Sie entwickeln Strategien, um sich durchzusetzen, wobei Ausscheidungskämpfe mit gleichaltrigen Jungen um den höheren Rang ihnen mit zunehmendem Alter immer wichtiger werden. Viele kleine Buben versuchen ihr Ansehen durch motorisches Können oder durch auffälliges Verhalten zu verstärken. Das dient dem Zweck, das bereits geschwächte Selbstwertgefühl aufzupolieren. Buben machen schon in diesem Alter die Erfahrung, dass es wenig erfolgversprechend ist, in grober Manier mit den Mädchen zu konkurrieren. Diese werden im Allgemeinen sehr rasch von den Erwachsenen in Schutz genommen, was eine Distanzierung vom anderen Geschlecht anbahnt, die sich im Grundschulalter eklatant auszuprägen beginnt. Im Schulalter dominiert deshalb eine starke Ausschließlichkeit hin zu gleichaltrigen Spielkameraden männlichen Geschlechts. Laufen, wilde Spiele, Rangeln sind nur untereinander möglich und werden infolgedessen verstärkt.[7]

Im Kindergartenalter entwickelt es sich für die Jungen zu einem erheblichen Nachteil, dass sie in ihrem Alltag häufig fast ausschließlich von weiblichen Bezugspersonen umgeben sind. Ihnen gegenüber geraten sie häufig in eine sich immer mehr verstärkende Position der Selbstverteidigung und in eine Verdrängung der häufigen narzistischen Kränkungen, die eine Panzerung der Gefühle hervorruft.

Die Identifikation mit einem Vater oder einer anderweitigen männlichen Bezugsperson, die sich mit dem Kind beschäftigt und es in seinem Sosein bestätigt, ist deshalb für die Entwicklung der inneren seelischen Stabilität des Jungen von höchstem Wert. Zwar erlebt der kleine Sohn den Vater in seiner vom Vor-Eros getönten Liebe zur Mutter als einen mächtigen Konkurrenten (Sigmund Freud), aber er bedarf des Vaters dringend als eine ihn bestätigende Identifikationsfigur, um sich mehr seiner selbst gewiss zu werden und nicht einer infantilen Verweiblichung zu erliegen.

Deshalb ist es ein erheblicher Vorteil für Kinder in unserer Gesellschaft, wenn sie Väter haben, die die Familie zusammenhalten und sich in ihrer Freizeit mit ihren Söhnen manngemäß beschäftigen. Es bedeutet hingegen eine allgemeine Minderung der seelischen Stabilität des Mannes, dass dies vielen kleinen Jungen in unserer Gesellschaft nicht mehr hinreichend zuteil wird. Die häufige Abwesenheit der Väter, ihr Fortgehen durch Scheidung, das Von-Müttern-allein-erzogen-Werden haben bei vielen Buben einen Ausfall an Entwicklungsstimulanz zu männlicher Ausreifung zur Folge. Theoretisch kann das im Vorschulalter ein beweglicher Großvater oder – nach der Scheidung und dem Fortgehen des Vaters – ein neuer Partner der Mutter sein; aber in der Praxis zeigt sich leider allzu häufig, dass die kleinen Söhne gegen den „Lover" der Mutter mehr oder weniger heimliche Vorbehalte haben und behalten, die die Identifikation mit dem Ersatzvater erschweren. Im Gegensatz zu den Mädchen pflegen aber die wenigsten Jungen ihre Konflikte zu reflektieren. Das Unbehagen wird, um seelisch zu überleben, stärker verdrängt, was allmählich eine Minderung der Gefühlsoffenheit zur Folge hat.[8]

Benachteiligung in den Schuljahren

Die im Kindergartenalter anberaumten Benachteiligungen der Buben verstärken sich im Schulalter in einem erheblichen Ausmaß. Entwicklungspsychologisch bedeutet die Zeit der Sechs- bis Zwölfjährigkeit für die Buben, in sportlichen Spielen die Muskulatur weiter auszubilden und sich in „handelnde Weltbewältigung" (Annemarie Dührssen) einzuüben. Erkunden, Bauen, Jagen, Fußballspielen, Klettern, Schwimmen – das entspricht ihren Interessen. Stattdessen werden sie genötigt, viele Stunden pro Tag zu sitzen, in der Schule und bei den Hausaufgaben. Und vor dem Fernsehapparat, am Computer oder bei Videospielen setzt sich das dann – schon ganz und gar bei den Großstadtkindern ohne Auslauf – fort. Kein Wunder, dass sie zu Zappelphilippen werden! Eine unverständige Erwachsenengeneration hat sich für diese natürliche Reaktionsform der Jungen auf die unzureichende Möglichkeit, ihren Bewegungsdrang auszuleben, eine Erklärung ausgedacht, nämlich das ADS-Syndrom, das – den angeborenen Geschlechtsunterschied markierend – zu 90 % allein bei Jungen auftritt. Niemanden scheint diese Tatsache zu der Vermutung zu führen, dass es das viel zu weit und viel zu früh beschränkte Bewegungsbedürfnis der Buben ist, das solche „Leerlaufhandlungen“ (Konrad Lorenz)[9] als Bewegungsunruhe hervorruft. Auf jeden Fall erscheint es als eine zweifelhafte Methode, diesem Umstand durch Dämpfung mit einem Medikament zu begegnen, dessen Spätfolgen noch keineswegs hinreichend erforscht sind.

Mit und ohne Ritalin fällt es den Buben sehr viel schwerer als den Mädchen, sich auf den Schulstoff zu konzentrieren und die Hausaufgaben gehorsam und brav zu erledigen. Es gelingt ihnen deshalb viel schwerer ohne ständige Aufsicht eines Erwachsenen. Das ist meistens die Mutter oder eine andere weibliche Bezugsperson, die nicht ohne weiteres Verständnis dafür hat, dass es dem Buben schwer fällt, das Lesen zu lernen und ordentlich, dazu orthographisch richtig zu schreiben; denn im Allgemeinen lernen das die Mädchen wie einst auch die Mütter leichter.[10] Auch auf diesem Feld haben die Buben im allgemeinen also sehr viel mehr Zurechtweisung, Tadel, erzieherischen Unmutsäußerungen, ja, zweifelnden Worten an ihrer Intelligenz standzuhalten. Motivationssteigernd sind solche Einwirkungen nicht.

Aber es gibt weitere erhebliche Erschwernisse für Buben in unseren Koedukationsschulen, die sie gegenüber den Mädchen weiter ins Hintertreffen geraten lassen. Immer deutlicher hat die Hirnforschung eine alte Beobachtung erhärtet: Die

Sprechflüssigkeit ist bei den kleinen und großen Männern wesentlich geringer als die der Frauen. Ein Teil des Sprachzentrums im Gehirn, die Wernicke-Region, ist bei Männern um 30 % kleiner als bei Frauen![11] Was können wir also anderes erwarten, als dass die Mädchen den Jungen im mündlichen Unterricht überlegen sind. Ja, nicht nur das: Auch beim Einprägen einer guten Orthographie kommen die Mädchen aufgrund ihres Hirnvorteils schneller voran, so dass sie – was die sprachlichen Fertigkeiten angeht – ein bis zwei Klassen den Buben voraus sind!

Zwar vermögen die Buben diesen weiblichen Vorteil im Rechnen, in den sachkundlichen Fächern und im Sport auszugleichen; dennoch ist der Hirnvorteil der Frauen hier erheblich: Auch noch im Erwachsenenalter weisen die Männer im Allgemeinen einen geringeren Wortschatz auf, sie sprechen weniger flüssig und langsamer, sie machen mehr grammatikalische Fehler. Sie lernen im Durchschnitt schwerer eine Fremdsprache – und deshalb ist der Dolmetscher- und Übersetzerberuf mehrheitlich mit Frauen besetzt. Und weil deshalb die meisten neusprachlichen Philologen Frauen sind, geraten die kleinen Männer von Generation zu Generation immer wieder an Frauen als Lehrerinnen, die abermals ihre Schülerinnen vorziehen. Besonders für die vaterlosen Buben ist es deshalb ein Glücksfall, im Grundschulalter von einem Lehrer unterrichtet zu werden, den sie als Vorbild erleben und annehmen können.

Aus diesen Forschungsergebnissen resultiert in Koedukationsschulen eine bedenkliche schulische Benachteiligung des Jungen, deren Folgen sich in Deutschland bereits deutlich abzeichnen. Im Jahr 1970 war hier das Verhältnis zwischen Jungen und Mädchen auf dem Gymnasium 51:49 Prozent zugunsten der Jungen. Im Jahr 2001 aber nur noch 46:54 Prozent zugunsten der Mädchen. Hingegen hat der Anteil der Jungen auf den Hauptschulen eklatant zugenommen: 56 % der Jungen im Verhältnis zu 44 % Mädchen besuchen diese Schulform heute in Deutschland. Dass damit durch unser Schulsystem eine Einbuße an qualifizierten Akademikern entsteht, die sich international konkurrenzmindernd auswirkt, lässt sich absehen.[12]

Die Gleichbehandlung von Jungen und Mädchen im Schulalter erweist sich bei genauer Betrachtung als eine die allgemeine Leistungskraft der Gesellschaft mindernde Benachteiligung für die Jungen: Weil die Kurve ihres Entwicklungstempos langsamer verläuft, weil unsere Schulform in den ersten Schuljahren dem Wesen des Jungen weniger entspricht, bleiben manche hinter den Mädchen zurück, erleiden Entmutigungen, büßen ihre Motivation ein und werden zum Wiederholen von Klassen mehr genötigt als ihre Klassenkameradinnen. Sie kommen infolgedessen später zum Abschluss ihrer Schullaufbahn.

Die Ausreifung zum Mann

Die schulische Benachteiligung der Jungen würde noch wesentlich drastischere negative Auswirkungen im gesellschaftlichen Spektrum zur Folge haben, wenn es nicht einige spezifische Begabungen des Mannes gäbe, denen die Mädchen auf Koedukationsschulen kaum einmal das Wasser reichen können. Schon vor der Pubertät, so eruierte 1980 eine Studie der John-Hopkins-Universität in Baltimore, erbrachten mehr Jungen als Mädchen Hochleistungen in Mathematik. Nach der Pubertät sind kaum noch Mädchen darunter.

Die Begabung zum abstrakt-logischen Denken, die die Männer in den reinen Naturwissenschaften zeigen und die sie für die Technik favorisiert, scheint sich unter dem Einfluss des männlichen Geschlechtshormons, das in der Pubertät ausgeschüttet wird, noch mächtig zu steigern. Und das bezieht sich nicht nur auf die mathematischen Fähigkeiten allein: Wesensunterschiede, die das typisch Männliche bewirken, sind von den Hirnforschern in den letzten Jahrzehnten in vielfältigen Untersuchungen bewiesen worden. Dass das bessere räumliche Vorstellungsvermögen seinen Ort im Gehirn hat, war die Entdeckung von Sandra F. Witelson, und ebenso, dass die Hirnhälften des Mannes stärker vernetzt sind.[13] Männer sind besser dafür ausgestattet, Informationen über weitere Strecken hin- und herzuschicken. Der holländische Hirnforscher Dick Swaab wies nach, dass ein Kern in ihrem Hypothalamus nicht nur doppelt so groß ist wie bei der Frau, sondern auch doppelt so viele Zellen enthält.[14] Ob hier der Ort der sich in der Pubertät ausformenden so markanten Begabungsunterschiede zu finden ist, bedarf noch der Abklärung. Auf jeden Fall steht fest, dass die Ausschüttung des männlichen Geschlechtshormons Testosteron in der Pubertät bereits unterschiedlich angelegte Hirnregionen aktiviert, die die Ausreifung der Männlichkeit zur Folge haben.[15]

Es bedarf eigentlich keiner langen Laboruntersuchungen, um die machtvolle pubertäre Veränderung in der Entwicklung des Jungen zum Mann zu konstatieren: Es setzt (erheblich später als bei den Mädchen) ein Längenwachstum ein, das das der Mädchen durchschnittlich um sieben Zentimeter überschreitet. Die körperlichen Kräfte steigern sich, Bart und dunkle Stimme erleichtern es, alles Duckmäuserische und Unsichere hinter sich zu lassen. Der pubertäre Hormonschub des Mannes verändert Körper und Seele nachhaltig. Allerdings steigert sich auch mit der körperlichen Überlegenheit die Möglichkeit zur Gewalt. Gewaltverbrechen gehen deshalb im Verhältnis 96:4 Prozent zu Lasten des Mannes.[16]

Das Erstaunliche ist aber, dass der junge Mann, dem Erblühen seines durch die Hormone angefeuerten Gehirns entsprechend, vom 16./17. Lebensjahr ab eine bessere Schulfähigkeit entwickelt. Jedenfalls klafft die Schere zwischen den fleißigen Mädchen und den bis dahin am Schulstoff nur mäßig interessierten Jungen nicht mehr so ungerecht weit auseinander: Während bei den Mädchen die Mann-Suche mit allem Bemühen um äußere Attraktivität schulische Motivationen abschwächt, entdeckt der junge Mann erstmals den Sinn von Ausbildung überhaupt als Möglichkeit zum Gewinn von gesellschaftlicher Anerkennung und Macht. Seine sich herauskristallisierende Fähigkeit zum sachlichen Denken, zu naturwissenschaftlicher und technischer Begabungsausgestaltung lässt ihn aufwachen und sich nach Höherem ausstrecken. Der seelisch gesunde junge Mann steht mit der Adoleszenz sprungbereit motiviert zum Aufbau und zur Gestaltung seines Lebens. Die sexuelle Potenz, die ihm dabei von der Geschlechtsreife ab in höchster Quantität zur Verfügung steht, ist in diesem Alter nicht vornehmlich auf die Realisierung seiner erwachten sexuellen Bedürfnisse gerichtet, es ist vielmehr so, als würde mit Hilfe des Testosterons gleichzeitig so etwas wie eine Kompensations- bzw. Sublimationsmöglichkeit der rohen Triebkraft zur Verfügung gestellt. Jedenfalls haben überpersönliche Interessen und Begeisterung für zu verwirklichende Ideen nirgends so viele Ansatzmöglichkeiten wie beim jungen Mann an der Schwelle zum Erwachsenenalter. Es ist deshalb pädgogisch klug, diese Ansätze zum Einsatz für geistige Ziele und die Verwirklichung gesellschaftlicher Innovationen zu nutzen, statt die Jugendlichen durch die Dominanz sexueller Themen in der Öffentlichkeit zu stimulieren, nun der Sexualität Vorrang einzuräumen; denn seine Sexualität bedarf gewiss keiner zusätzlichen Anregung von außen.

Spezielle Pubertätsprobleme

Am Beginn der Pubertät, um die Dreizehn- bis Vierzehnjährigkeit herum, pflegt bei den Jungen von konstruktiver Vernunft der eben beschriebenen Art zunächst kaum etwas sichtbar zu werden. Die Schule „nervt"; die Eltern sind „Kotznummern". Das Bedürfnis, sich an eine Gemeinschaft mit Gleichaltrigen anzuschließen, tritt in den Vordergrund, wobei eher Anpassung als individuelle Vorlieben und Interessen das Feld bestimmen. Es kommt hier weniger auf das „Wohin?" als auf das „Weg von den Alten!" besonders aber „der Alten" an – und das oft in höchst unausgegorener Weise. Statussymbole der Männlichkeit werden gesucht: Der Konsum von Zigaretten, Alkohol, Haschisch, Ecstasy gilt als Beweis der Unabhängigkeit, der mannhaften Verbotsübertretung. Suzuki und Surfclubs, Anschluss an Hooligans oder gar an radikale Schlägertrupps, Mutproben und die Suche nach ausgefallenen Abenteuern dienen dem Versuch, sich selbst das Gefühl von Stärke und Überlegenheit zu suggerieren.

Natürlich lassen sich auf diese Weise auch die Umwelt und besonders die Eltern provozieren und sie das Fürchten um das Leben der Söhne und ihr eigenes familiäres Ansehen lehren. Die Mutter zum Weinen zu bringen, gerät ebenso zum Genuss, wie dem Vater die Tür vor der Nase zuzuschlagen und sich keinen Deut um seine Anweisungen zu scheren. Da pubertierende Söhne unserer Gesellschaft kaum einmal das Gefühl haben, sich der materiellen Abhängigkeit wegen nach der Decke strecken zu müssen, da sie eine Erziehung zur Disziplinierung selten noch genossen haben, findet die Notwendigkeit der Ablösung aus den kindlichen Bindungen, findet der hormonell ausgelöste Drang zur Verselbstständigung bei den Jungen in der Pubertät heute in oft roher Manier statt. Das entartet nicht selten zu gefährlichen Zerreißproben, die nicht immer als chaotisches Intermezzo, als überwundene Phase nach einiger Zeit abgebucht werden können; denn Schule und Kirche bilden selten Haltegurte, sodass heute viel zu viele Exemplare der kostbar klein gewordenen Jungmännergruppierung zugrunde gehen – durch Abdriften in die Rauschgift- und Alkoholsucht, in die Kriminalität, in den durch Leichtsinn hervorgerufenen Unfalltod oder gar durch Suicid.[17]

Die Eltern stehen den stürmischen Aufbrüchen ihrer Söhne heute meist hilflos gegenüber. Zwar haben die meisten im Bewusstsein, dass es sich dabei um notwendige Verselbstständigungsprozesse handelt; aber konstruktive Angebote zu Jugendtreffs mit Gestaltungsformen, in denen Eigenständigkeit maßvoll eingeübt wird, gibt es in unserer Gesellschaft viel zu wenige. Diskotheken sind dafür nicht geeignete Örtlichkeiten. Die Möglichkeiten, dort auf ein destruktives Gleis zu geraten, sind viel zu groß. Ein guter Ansatz sind vor allem in Österreich katholische, von jungen Geistlichen geleitete Jugendgruppen. Da aber in den Medien alles darangesetzt wird, Katholisches zu diskriminieren, ist es nur schwer möglich, eine hinreichende Zahl von Jugendlichen dafür zu gewinnen.

Ausbildungsfacetten

Die Ausbildung – wenn sie auch nur einigermaßen den Begabungen des jungen Mannes entspricht – ist wie Wasser unter dem Kiel seines Lebensschiffes. Sie entspricht seiner propulsiven Mentalität, sie ist zielgerichtet. Das wirkt sich als besonders förderlich in allen jenen Ausbildungsgängen aus, in denen „Learning by doing" im Vordergrund steht. Aber auch die Universität entspricht – bei entsprechender Intelligenzqualifikation – dem männlichen Geist. Sachlichkeit, wissenschaftliche Absicherung, abstrakt-logisches Denken sind hier gefragt. Die Alma Mater ist nicht zufällig so aufgebaut. Sie wurde von Männern für Männer geschaffen, und das kommt ihnen hier zugute, wenn heute auch das Übermaß an zu lernender Quantität die Motivation und die Durchhaltefähigkeit abermals einzuschränken pflegt. Hinderlich steht einem zügigen Abschluss entgegen, dass die Studentinnen abermals früher fertig sind und die kargen Arbeitsplätze besetzen. Das wirkt sich besonders dann als leistungsmindernd auf den jungen Mann aus, wenn er sich mit einer Kommilitonin in wilder Ehe zusammengeschlossen hat und wenn er sein Hinterherhinken als Einbuße seines Selbstwertgefühls erlebt. Oft geht es dann nicht ohne emotional dezimierende Trennungen und Studienverlängerungen ab.

Berufung zum Familienvater

Die Mehrheit der jungen Männer, so hat die Shell-Studie ergeben, wünscht sich als ein Hauptziel ihres Lebens eine Familie. Das beweist, dass dieses Ziel – das entgegen einem 30-jährigen familienfeindlichen Trend dennoch zum Ausdruck kommt – selbst heute noch für einige männliche Bedürfnisse Priorität zu haben vermag. Entspricht das einem zeitunabhängigen Charakteristikum im Wesen des doch zur Promiskuität neigenden Mannes? Bedeutet die stärkere Ausformung von Knochen und Muskeln auch heute noch eine Programmierung des Mannes zum Beschützer? Jedenfalls findet er in seiner Rolle als Paterfamilias eine Gelegenheit, seine durch die Kindheit hindurch aufgestauten Minderwertigkeitsgefühle zu entlasten. Er ist schließlich de facto zum Beschützer geeignet kraft seiner besseren Fähigkeit, sich zu orientieren (weshalb er bekanntlich besser rechts und links voneinander unterscheiden kann als die Frau); er ist für die Beschützerfunktion auch geeignet kraft seiner sprungbereiten Verteidigungsbereitschaft, seiner größeren Sachlichkeit und Nüchternheit in prekären Situationen und bei Planungen. Nicht umsonst sprechen wir von „Vaterhaus"; denn das Entwerfen, technisches Gestalten, das Bauen einer „Burg" für die Familie entspricht sehr seinem männlichen Bedürfnis, sodass man geradezu von einem Beschützerinstinkt sprechen könnte. Deshab liegt auch meist die

Wirtschaftsführung in der Hand des Familienvaters: Die Versorgung der Familie ist selbst vielen modernen Männern nicht allein standesgemäße Pflicht, sondern entspricht seinem Bedürfnis, die in seine Verantwortung gegebenen Personen zu versorgen. Sein allgemeiner Hang zur Promiskuität dank seiner enormen Ausstattung mit Sexualhormonen kann deshalb mehr oder weniger langfristig und im Idealfall immer noch lebenslänglich durch die Existenz einer von ihm gegründeten Familie in Schach gehalten werden.

Neue Probleme in der Beziehung zur Frau

Weit größeren Schwierigkeiten sieht sich der junge Mann heute in seinem Verhältnis der Frau gegenüber ausgesetzt. Trotz seiner Sehnsucht nach ihrer Liebe und durch das sexuelle Bedürfnis abhängig von ihr, kann er sich heute viel weniger als früher zur Ehe entschließen, weil er mit Recht die Tüchtigkeit der modernen Frau zu fürchten gelernt hat. Die Zahl der Eheschließungen sinkt deshalb in Deutschland seit dem Beginn der 90er Jahre kontinuierlich ab. Und erst recht, wenn er den Schritt dennoch gewagt hat, beginnt ihn nicht selten nach mehr oder weniger kurzer Zeit Unbehagen zu erfüllen; denn die patente, selbstbewusste Mitlenkung des Eheschiffs durch die Ehefrau lässt ihn den Verlust seiner Unabhängigkeit als Folge der schwer errungenen Befreiung von der Mutter erneut fürchten. Wieder fühlt er sich unterlegen wie einst als Kind. Nicht nur, dass die moderne junge Frau nicht im Traum noch daran denkt, sich ihm unterzuordnen und ihn den Bestimmenden sein zu lassen; Sie pflegt ihm ein Fühlen und Denken abzufordern, das ihm fremd ist. Sie erwartet nicht nur paritätisches Mitarbeiten bei den anfallenden Familientätigkeiten, sie beansprucht seine kontinuierliche Gegenwart zu viel dualer Zuwendung und reflektierenden Auseinandersetzungen. Da er sich solchen Eingriffen von Kindesbeinen an durch Flucht und Verdrängung entzogen hat, verschärfen sich die, zumal die Frauen hartnäckig ihre Erziehungsversuche ihm gegenüber fortzusetzen pflegen. Es fallen ihm bei den eloquenten Vorwürfen der Ehefrau schlagkräftige verbale Gegenargumente selten ein – hat er doch ohnehin eine Kindheit lang seine Unterlegenheit gegen Mütter und Schwestern verdrängen müssen. Kaum einmal vermag er auch zu verstehen, was die Frau von ihm verlangt: dass er besser zuhören möge, dass er die Gefühlsschwankungen seiner Partnerin besser erahnen bzw. auf ihrem Gesicht ablesen möge. Er versteht nicht ihren Anspruch auf reflektierende Gespräche, denen auszuweichen reflektorisch eingeübt ist. Er fühlt sich überfordert und hilflos; denn niemand hat der Frau und ihm selbst die Wahrheit vermittelt, dass Mann und Frau mit unterschiedlichen Begabungsschwerpunkten ausgestattet sind, die gegenseitiger liebevoller Nachsicht in den Bereichen bedürfen, in denen der eine weniger befähigt ist als der andere.

Diese Unkenntnis erzeugt im Alltag nicht selten eine Kette von Missverständnissen, die Spannungen produzieren. Gefährlich wird diese Lage heute in ungezählten Fällen, weil die eingebahnte Verdrängungsmethode des Mannes sich oft nicht mehr als zureichend erweist. Nach einer Phase des Schweigens und Ausweichens bricht die rohe Offensive gewissermaßen mit ihm durch: Er explodiert.

Die folgenden Szenen des Dramas machen ihn durchgängig zum Verlierer, zum unverstandenen Schuldiggewordenen, dem unversehens die Kinder zu entziehen sind, der laut Gesetz in Österreich und Deutschland sogar des Hauses verwiesen werden kann. Es ist eine traurige Neuheit eines solchen familiären Zusammenbruchs, dass es immer wieder einmal Väter gibt, die ihre gesamte Familie und sich selbst auslöschen.

Es bedarf keiner Statistik, um das Fragwürdige, ja Destruktive im modernen Geschlechterverhältnis zu erkennen. Gewiss, die Frau hat bewiesen, dass sie in der Lage ist, ihren Mann zu stehen, ja, dass sie den gleichaltrigen Männern den Rang abzulaufen vermag. Das Ziel des militanten Feminismus, so hat es Alice Schwarzer formuliert, ist nicht etwa „die Quotenfrau“, sondern „die Macht über den Mann“. Schon treten weitere Zukunftsvisionen auf den Plan: Falls man weltweit genug Samenbanken einrichtet und erst recht nachdem das Klonen von Menschen möglich geworden sei, wäre der Mann selbst zur Fortpflanzung nicht mehr nötig. Visionen, ihn ganz auszurotten, tauchen auf. Wenn nur Mädchen (am besten im Reagenzglas) zur Welt kommen dürfen, ließen sich diese von Säuglingsschwestern, Tagesmüttern, Erzieherinnen, Lehrerinnen und gelegentlich vielleicht auch noch Müttern und Großmüttern gemeinsam erziehen – und der absolute Weltfriede wäre gesichert. So glaubt man in kühner Verleugnung des aggressiven Potentials besonders der älteren Frau. Aber kann die Frau die voranstürmenden Erfinder, die türme- und städtebauenden Männer, die Meister der Technik, die Verteidiger des Lebens nicht nur in Männerkriegen, sondern auch in Natur- und Familienkatastrophen, kann sie den Beschützer für ihre Kinder und – last but not least – den liebevollen Gefährten wirklich entbehren?

Wer das bezweifelt, muss sich gemeinsam mit jenen Frauen, die die Schöpfungsordnung weiterhin wahrheitsgemäß für ein verbindliches Postulat halten, auf den Weg machen, den Mann besser zu verstehen. Und das heißt: keine Erwartungen an ihn stellen, die er nicht erfüllen kann, weil er anders ist als die Frau. Die Fülle der neuen Forschungsergebnisse sollte für uns Frauen einen Appell enthalten, den Männern besser gerecht zu werden mit ihren besonderen Begabungen und ihren spezifischen Lebensaufträgen. Es muss erkannt werden, dass hinter der zum Imponiergehabe neigenden Fassade des Mannes immer noch die Furcht vor der übermächtigen, sich seiner bemächtigenden Mutter steckt wie auch das Kind, das bei den

Erziehenden weniger Erfolg hatte als die Mädchen. Gewiss wird das eher geschehen können, wenn der Mann gegen allen Drang, die Welt allein zu erobern und zu beherrschen, sich die Mühe macht, sich selbst kennen zu lernen samt seinen zäh und kontinuierlich lebenslänglich verdrängten Schwächen, die ihn bisher genötigt haben, vorsorglich nichts, aber auch gar nichts davon zuzugeben. Der Zugang zu seinen Nächsten wird ihm dann leichter fallen, so dass ihm zu dämmern beginnt, was die Frau mit ihrem Rütteln an seinem Ungenügen überhaupt meint.

Es lohnt sich, wenn Mann und Frau sich in dieser Weise auf den Weg zueinander machen. Es hat konstruktive Auswirkungen, wenn sie sich einerseits in ihrem So-geschaffen-Sein mit ihren spezifischen Begabungen akzeptieren und andererseits darauf aus sind, die in ihnen schwächer angelegten Eigenschaften durch Lernen vom Partner bzw. von der Partnerin zu ergänzen. Das ist Gewinn für beide und Segen für die Kinder, die in ihrem gemeinsamen Schutz aufzuwachsen haben.

Die von sich selbst entfremdete Frau

Selbstverwirklichung (ein Rückblick)

Kein Zweifel: Die Tore zum Erfolg stehen für die moderne junge Frauengeneration weit offen. Das Abitur schaffen viele. Und auf der Universität ist die ersehnte Quote mehr als füllig erreicht. Eigentlich müssten deswegen Jubel und Heiterkeit herrschen; aber davon ist während ihrer Ausbildungen wenig auszumachen. Sie haben außer der Plackerei mit dem immer mehr anschwellenden Lernstoff und dem vielen Prüfungsstress und auch danach Schwierigkeiten, die nicht wenige seelisch krank und depressiv werden lassen.

Da ist als erstes die Problematik mit den Männern, mit den Ehen ohne Trauschein, die sich häufig auf Dauer als unzureichend erweisen. Denn viele Kommilitonen lassen sich zwar gern bedienen, aber als Gefährten, als Gesprächspartner werden sie den gesteigerten Ansprüchen ihrer Partnerinnen doch immer seltener gerecht. Spätestens nach der Probeehe mit dem dritten „Lebensgefährten" bzw. nach mehreren Scheidungs-Kummer-Phasen fällt der Traum vom künftigen Ehe- und Familienglück mehr und mehr in sich zusammen.

Ein Beispiel: Sie zündet sich eine Zigarette nach der anderen an. Sie streicht sich in Abständen fahrig durch die Haare und holt so die Mähne aus dem Gesicht. Das ist gut geschminkt, aber durch die zerlebte Haut hindurch blicken zwei tieftraurige Augen. Die schmalen Lippen haben einen Neigungswinkel nach unten, und um den Mund steht eine Magersuchtfalte. Die Wangenknochen spießen – vom Liften gestrafft – über eine künstlich gedehnte Hautpartie. Die Nase mit den schmalen, vor Erregung bebenden Flügeln erinnert an einen Raubtierschnabel.

Die 55-jährige ist „burnt out", so sagt sie jedenfalls. Die „Midlifecrisis" hat sie eingeholt. „Ich hab' das alles mitgemacht", sagt sie, „die Sit-ins", die Demonstrationen, die wilden Exzesse danach, die Kommunen mit den offenen Türen für jedwede Kumpel, den Sexgenuss in Hochpotenz, doch leider nicht ohne Reue: drei Abtreibungen, Papillom-Infektion, Ausschabung, Uterus-Exzision. Prima Karriere zunächst. Wegboxen von lästigen Männern, Kampf für die Quoten, Top-Stellung an einer großen Zeitung. Das mit dem Chef geteilte Bett war dabei hilfreich.

Nachlassen der Spannkraft in den 80er Jahren, abgehalftert werden aus der beruflichen Position. Versacken im Alkohol danach. Auszeit, Entlassung, Arbeitslosigkeit, Sozialhilfe. Fremdwerden in der eigenen Wohnung – wie in einem Brunnenschacht der Vereinsamung. Hilfe suchen bei pendelnden Esoterikern und anderen Psychoklempnern. Depressionen total. Resignative Isolation."

Endstation der Powerfrau? Die 55-jährige ist eine von vielen aus der Nachkriegsgeneration, denen mit 15 die Pille und mit 19 die Revolte beschert wurden. Was für Danaergeschenke! Denn das leitete eine Verführung der Frau – fort von sich selbst – ein, wie sie bisher nie je in der Geschichte der Menschheit möglich gewesen war.

Die Täuschung wurde wie bereits beim ersten Sündenfall der Genesis, auf intellektueller Ebene vorbereitet. Mit der Parole „Wir sind benachteiligt, wir sind von den Männern repressiv ausgebeutet worden, wir fordern Gerechtigkeit und Freiheit", formierte sich – von den Protagonistinnen Simone de Beauvoir[1] und Alice Schwarzer[2] angeführt – der militante Feminismus.

Um geschichtlichen Irrtümern vorzubeugen, muss an dieser Stelle ausdrücklich betont werden, dass es sich bei dem neuen Geschlechterkampf keineswegs um eine solide Emanzipationsbewegung handelte. Diese war längst erfolgreich abgeschlossen. Sie war eine Angelegenheit der Frauengeneration des Fin de Siècle und der ersten Jahrzehnte des 20. Jahrhunderts. Damals wurde der Zugang zum Abitur und zu den Universitäten von einer gescheiten Frauengeneration erkämpft, hier wurden die Möglichkeiten zur Ausbildung in fast allen Berufen erstritten – in der Tat ein Fortschritt; denn er verhalf der Frau zu einer erheblichen geistigen Beweglichkeit, zu einer größeren Ausgestaltungsmöglichkeit ihrer verschiedenen Begabungen. Seitdem haben sich die Frauen auch in außerhäuslichen Tätigkeiten auf das Vorzüglichste bewährt. Kraft ihrer Flexibilität kamen sie selbst mit jenen Berufen zurecht, die bis dahin den Männern vorbehalten gewesen waren, von der Pilotin bis zur Politikerin, von der Managerin bis zur Naturwissenschaftlerin. Und erst recht standen die Frauen in und nach den beiden Weltkriegen als die Einspringenden ihren Mann.

Aber bis in die Mitte des vergangenen Jahrhunderts gab es noch keine einseitige Priorität, keine Verabsolutierung der Erwerbstätigkeit der Frau. Priorität hatte trotz schulischer Vorbildung und Ausbildung viel eher der Weg über die Familie als Vollmutter mit mehreren Kindern. Trotz aller Emanzipation hatte der Status der verheirateten Frau und Familienmutter Vorrang. Als solche war sie bei der Krankenkasse und der Rente durch den allein verdienenden Ehemann mitversichert.

Die Karrierefrau war bis dahin eher eine Angelegenheit des durch den Krieg hervorgerufenen Frauenüberschusses, eine gute und ausgleichende Möglichkeit für jene Frauen, die schicksalsbedingt ledig geblieben waren.

Erst der militante Feminismus, der ab 1969 einen fruchtbaren Boden für seine Aktivitäten in der Liaison mit der Studentenrevolte fand, kippte diese die gesellschaftliche Gedeihlichkeit erhaltende bürgerliche Gepflogenheit aus. Von jetzt ab erst wurde Mutterschaft für die Frau zu einer verachtenswerten, ihre Selbstverwirklichung hindernden „Falle" erklärt.[3] Von jetzt ab erfuhr die Erwerbstätigkeit der Frau eine höhere

Bewertung als die Mutterschaft. Von jetzt ab begann der Kampf der Feministinnen um die Macht über die Männer mit dem erklärten Ziel, ihnen, soweit es irgend geht, ihre Machtpositionen in Politik und Wirtschaft abzujagen.

Diese Veränderung der Bewertung vor allem verursachte, dass die bürgerliche Familie in ihrer herkömmlichen Form in ein unbekömmliches Abseits gedrängt wurde. Die kontinuierliche Erwerbstätigkeit – selbst der jungen Mütter – bekam Vorrang. Als Strategie diente die larmoyante Klage über das Elend der Familienmutter, der „zwischen Kindern, Küche und Kirche" die „Decke auf den Kopf fiele". Die Parole der sogenannten „Selbstverwirklichung der Frau" verursachte einen starken Trend von der Familie weg.

Die SPD/FDP-Regierung der 70er Jahre öffnete ihre Tore weit für diese Entwicklung. Flächendeckend wurde in den Schulen die Koedukation eingeführt. Unter der Devise der Chancengleichheit wurden die Lehrpläne egalisiert. Das Niveau wurde gesenkt, um einer großen Zahl von Jugendlichen den Weg zum Abitur zu ermöglichen. Da die Mädchen eine bessere Schulfähigkeit haben, wurden ihnen auf diese Weise lange akademische Berufsausbildungen schmackhaft gemacht – gänzlich ungeachtet der Gegebenheit, dass Frauen zwischen dem 20. und 30. Lebensjahr besser zur Mutterschaft geeignet sind als jenseits des vierten oder gar fünften Jahrzehnts ihres Lebens.

Gleichzeitig kam es zu einer zunehmenden Auflösung der Ehen auf Lebenszeit, vor allem durch die Scheidungserleichterung mit Hilfe der Reform von 1976. Mit der Streichung des Kuppeleiparagraphen wurde stattdessen die Ehe ohne Trauschein für die Paare mit langen Berufsausbildungen die immer häufiger gewählte Lebensform, ein Provisorium, durch das einem Verzicht auf Familienbildung Vorschub geleistet wurde.

Die einseitige Höherbewertung der berufstätigen Frau bestärkte den durch die Freigabe der Pille angelaufenen Geburtenschwund und ließ bei vielen Frauen die eigentlich gewünschte Familienbildung in die Ferne rücken. Häufig verpassten sie sie geradezu.

Wenn man fragt, warum die Frauen diese sich für sie häufig negativ auswirkende Entwicklung in so großer Zahl geradezu fahnenschwenkend mitmachten, so lässt sich konstatieren, dass das nicht etwa an ihrer größer gewordenen geistigen Unabhängigkeit lag, sondern an einer typisch weiblichen Charaktereigenschaft: ihrer größeren Beeinflussbarkeit.

Das Bedürfnis der Frau, sich durch Anpassung an die Mode als anerkennenswert zu erweisen, ist grundsätzlich sehr groß und bewirkt, dass sich die Mehrheit der Frauen dahin verführen lässt, wohin sie keineswegs in Wirklichkeit will, wo sie deshalb auch keineswegs optimale Früchte ihrer eigenständigen Entfaltung ernten kann.

Es darf allerdings an dieser Stelle zu ihrer Entschuldigung nicht übersehen werden, dass die einseitige Verführung zur Dominanz der Erwerbstätigkeit mit äußerster Geschicklichkeit erfolgte. Da war als erstes das von den Feministinnen laut angestimmte Benachteiligungsgeschrei. Wie bereits im Kapitel über den Mann dargestellt, haben wir ein starkes Bedürfnis, gerecht behandelt zu werden; d.h. im Grunde: Wir fürchten ähnlich wie in Kindertagen, zu kurz zu kommen, ja, von anderen übervorteilt zu werden. Aggressiver Aufstand lässt sich auf dem Boden einer solchen Ideologie des Neides mit leichter Hand jederzeit schüren. Zielgerade muss dann die Angleichung der Benachteiligten an die Bevorteilten gesucht werden – in diesem Fall eine Anpassung der Lebensweise der Frau an die des Mannes.

Der grundsätzliche Irrtum besteht aber darin, dass die Angleichung verschiedener Wesenheiten aneinander Gleichheit nicht hervorrufen kann. Ungleiche gleichzumachen, bedeutet viel eher Fehlentwicklung und Entfaltungsminderung bei derjenigen „Sorte“, die man der andern anzugleichen sucht. Bei aller Flexibilität lässt sich die Wesenheit der Frau nicht im Übermaß verformen, ohne dass es zu psychischen Störungen kommt. Sie äußern sich anfangs nicht selten in einer Neigung zu Verstimmungen, ja, schließlich als Depressionen. Warum zerbrechen immer häufiger die Ehen ohne Trauschein, in denen oft über Jahre Kindersegen verhindert wird, obgleich die Frauen erfolgreich erwerbstätig sind? Sie scheitern nicht selten an ihrer Übellaunigkeit, ihrer scheinbar unbegründeten Unzufriedenheit. Die Unnatürlichkeit des Dauerprovisoriums rächt sich so, weil es der natürlichen Bestimmung der Frau widerspricht. Aber selten wird das dem zerstrittenen Paar bewusst.

Damit die Frauen nicht auf die Idee kämen, den Trick der Gleichheitsideologen auf Dauer als einen schweren Nachteil zu entlarven, mussten sie dergestalt eingelullt werden, dass ihnen diese Entwicklung als besonders frauenfreundlich verkauft wurde. Die Einseitigkeit der Bewertung ließ deswegen auch die Mütter mit Kleinkindern so rasch wie möglich in außerhäusliche Berufstätigkeiten streben. Die Ermöglichung der sogenannten „Vereinbarkeit von Beruf und Familie" wurde zu einem Lieblingsthema der Parteien und brachte immer mehr als Mütter missachtete Frauen in die Doppelbelastung zwischen Privatem und Beruflichem, zumal die Regierungen von 1969 ab alles taten, diese Priorität zu unterstützen und durch Rahmenprivilegien zu favorisieren.

In den Frauenverbänden wollte dennoch kaum jemand durchschauen, dass mit der Durchsetzung der familienfeindlichen Ideologie eine Verformung ihres Frauseins einsetzte, eine Verfremdung von sich selbst, die nur allzuoft in Unglück, Isolation und Burnt-out-Symptomen endete.

Die Ideologie blieb bei der Zerstörung der Strukturen aber nicht stehen. Sie setzte die Frau einer Anpassung an die Lebensweise des Mannes aus, die ihrer seelischen Gesundheit und damit der Gesellschaft Schaden zufügen musste. Das lag vor allem daran, dass jetzt das Konkurrieren mit dem Mann exzessiven Vorrang bekam mit einer neuen Antistellung gegen ihn, mit viel Züchtung von Hass unter den Paaren. Nun stand der Mann auf der Abwertungsliste, dem sein Unzureichendsein von den Frauen wie mit Sturmwind ins Gesicht geblasen wurde.

Aber die Verhetzung der Frauen gegen die Männer konnte nur negative Folgen haben, wie das denn auch als ein Boomen der Ehescheidungen und aus dem immer häufiger werdenden Wechsel der „Lebensgefährten“ zu ersehen war.

Folgen der Angleichung an den Mann

Was aber hatte dieser Trend der vergangenen 35 Jahre für Auswirkungen, und was blieb in der seelischen Entwicklung der Frauen auf der Strecke?

Die objektiven Auswirkungen waren so verheerend, dass die Gesellschaft in Deutschland bereits in eine tiefe Existenzkrise geraten ist. Nicht nur, dass ein Teil der heutigen Frauengeneration (20 %) gewollt kinderlos bleibt. (Etwa 300.000 Kinder pro Jahr werden abgetrieben.) Ein ebenso großer Prozentsatz ist darüber hinaus gebärunfähig geworden – meistens durch Entzündungen als Folge von promiskuitivem Sex. Der Geburtenschwund sank auf 1,3 Kind pro Familie und gefährdet das Rentensystem ebenso wie die wirtschaftliche Gedeihlichkeit der Zukunft. „Die Bildungselite stirbt aus“, klagt mit Recht Familienministerin Renate Schmidt in einem Interview mit dem Rheinischen Merkur, ohne allerdings auf die Idee zu kommen, dies durch echte familienfreundliche Maßnahmen zu verhindern.

Die junge Generation zeichnet sich durch eine fatale Labilität aus: Seelische Erkrankungen von den epidemischen Essstörungen bis zu manifesten Depressionen, Süchte aller Art boomen seitdem ebenfalls. Nicht selten beginnen die ebenso vernachlässigten wie verwöhnten Kinder, sich mehr oder weniger bewusst je nach Temperament durch Rundumschläge an den sie veruntreuenden Eltern zu rächen.[5]

Viele Mütter, die sich in der Doppelaufgabe einem Dauerstress ausgesetzt hatten, brachen angesichts dieser Situation mit reaktiven Depressionen zusammen. Immer mehr Frauen haben sich mit der feministischen Hetzkampagne gegen die Männer identifiziert und versuchen es – oft geradezu um des als schick geltenden Ansehens willen – mit einer lesbischen Beziehung, die aber keineswegs auf Dauer weniger Konflikte zu erzeugen vermag als die mit den verabscheuten Männern.

Aber über die verheerenden objektiven Folgen der Frauenverführung hinaus wiegt wesentlich schwerer noch die große Gefahr der Verfremdung ihres Wesens durch die ihr aufoktroyierten Lebensweisen.

Die Vermännlichung bekommt der Seele der Frau nicht. In ungezählten Fällen wird das durch den Schlankheitswahn der Mode unterlegt. Eine Frau, die in der Öffentlichkeit Erfolg haben will, muss heute superschlank sein. Artig, wie die Frau auf Anpassung bedacht ist, hungert sie sich in einen marastischen Status herunter. Das hat zur Folge, dass die Monatsblutung versiegt, d.h., ihre Östrogenproduktion sinkt automatisch ab. Die Frau wird auf diese Weise von der Fortpflanzungsfähigkeit ausgeschaltet.

Aber sie dezimiert sich damit auch von ihrer echten Weiblichkeit zum Neutrum – zu einer Art Dornröschen mit einem Stachelrosenberg um sich herum, den die Prinzen vergeblich zu erklettern suchen. Viele von ihnen geben den Eroberungsfeldzug verwundet auf, selbst wenn die Prinzessin noch so erstrebenswert dem heutigen Schönheitsideal entspricht. Die Reduktion des weiblichen Geschlechtshormons bewirkt also eine bedenkliche Minderung der seelischen Qualität der Frau: Sie wird spitzig, streitsüchtig, kalt und abweisend. Sie kreist um sich selbst, statt einer ihrer Hauptbegabungen, ihrer leidenschaftlichen Hingabebereitschaft an den Mann, weiter fähig zu sein.[6] Silikonbusen, Faltenliften und Fettabsaugen verbessern diese fatale Situation keineswegs.

Aber selbst wenn die Frauen es schaffen, dieser Dezimierung ihrer Hormonlage zu entgehen bzw. sie durch künstliche Zusätze des Hormons zu kompensieren, wird es ihnen heute extrem schwer gemacht, die besten ihrer spezifischen Talente zu entfalten. Denn diese sind auf die Liebe für ihre Nächsten ausgerichtet. Die Hirn- und Hormonforschung hat diese spezifischen Begabungen in den verschiedensten Bereichen erkennbar gemacht: die größere Hellhörigkeit der Frau, ihre größere Bereitschaft zur Kommunikation, ihre größere Eloquenz, ihre Freude, sich in die Belange der anderen zu vertiefen, ihre Hilfsbereitschaft, ihre Bereitschaft, sich einem geliebten Mann ein- und unterzuordnen.

Unsere Feministinnen haben den Frauen erfolgreich eingeflüstert, diese Neigungen seien nichtswürdig. Sie seien lediglich die Folge einer jahrhundertelangen Unterdrückung der Frau durch den Mann. Sie seien zu überwinden. Erst das Auftauchen objektiver Befunde machte es möglich, diese Ideologie als Lüge zu brandmarken. Aber wie tief ist sie mit Hilfe der Medien den jungen Frauen heute aufgebrannt worden! Wie viele junge Frauen kommen heute aus der Falle des Schlankheitswahns nie wieder heraus! Ein Teil von ihnen driftet ab in die schädigende, kostspielige Gewohnheit, die Nahrung nach jeder Mahlzeit wieder herauszubrechen.[7] (Millionen von Karrierefrauen und ihren modischen Nachahmerinnen machen das in Deutschland!) Oder sie sterben nach einem sich lang hindehnenden, eingeschränkten Magersuchtelend und vergeblichen Klinikaufenthalten den Hungertod vor den Fleischtöpfen Ägyptens. 16 % der Magersüchtigen sind das zur Zeit.

Der spezielle Auftrag der Frau

Wie ein fernes Ziel kreuzen bei den Befragungen der Demoskopen allerdings immer noch an die 90 % der jüngeren Menschen in den Fragebogen ihr Bedürfnis nach einer Familie als ein Hauptlebensziel an, und d.h. nach einem Leben, das vielen von ihnen mehr angemessen wäre als das Jachtern in der Konkurrenz mit dem Mann um die Superplätze der Karriere. Das liegt daran, dass es zum Urwesen der Frau gehört, Freude am schönen Ausgestalten des Lebens zu haben. Das prädestiniert sie z.B. auch besonders dazu, die Seele des Hauses zu sein. Sauberkeit, Gepflegtheit, adrette, schöne Ordnung herzustellen, ist für viele Frauen – für einfache ebenso wie für intellektualisierte – mit erheblicher Lust verbunden.

Aber das Bedürfnis nach gesteigerter Schönheit, nach kostbarer Gepflegtheit – das sollte man nicht übersehen – kostet Zeit, die eine voll außer Haus berufstätige Frau keineswegs in dem gleichen Maß und der gleichen Selbstverfügbarkeit besitzt wie eine Nur-Hausfrau. Die Verfeinerung ihrer Umgebung auf dem Boden ihrer ästhetischen Begabung ist erstens ein Wert an sich und zweitens ein kulturanhebender Faktor, der sich besonders auf die in diesem Umfeld aufwachsenden Kinder – ja, generell auf alle betreuten Menschen in der Familie kultivierend auswirkt.

Die Beseelung der Wohnung ist nicht einfach eine Sache, die sich so nebenher durch das Aufstellen einiger Ledersessel und Eichenschränke erreichen lässt. Sie erwächst grundsätzlich nur aus dem Geist der Liebe, d.h., sie ist ausgerichtet auf die liebende Verschönerung und Verbesserung um der anvertrauten Personen und der unvertrauten Umwelt willen. Dazu gehören sehr zentral die Küche und der zu Unrecht in der Moderne so viel geschmähte Herd, d.h. im erweiterten Sinne: der Bereich der Nahrungszubereitung. Es gehört zu den traurigen Erfahrungen kinderpsychotherapeutischer Praxis, sich immer häufiger erzählen lassen zu müssen, dass es in den Familien kaum noch gemeinsame Mahlzeiten gibt.

Die überlastete Familienmutter ist froh, wenn sich jeder aus dem Eisschrank und mit Fastfood selbst bedient. Aber das bedeutet einen zentralen Mangel an Gemeinschaft! Wir essen ja nicht nur bei Tisch, wir teilen auch und teilen uns mit. Das gehört dringlich zur mütterlichen Pflege der Angehörigen. Reicht es bei der modernen Frau nur noch zur Selbstpflege nach Nina-Ruge- oder Claudia-Schiffer-Vorbild?

Die „Seele des Hauses" sein, das bedeutet in liebender Zuwendung zeitaufwendige Bemühung, bedeutet viel differenzierendes Erspüren der Bedürfnisse der Hausgemeinschaft, erfordert Fantasie, Nachdenklichkeit und Bemühung um das Beste, um das Lebensspendende, um das Erfreuende für diejenigen, für die die Frau Verantwortung trägt.

Und dass dieser Vorgang etwas mit seelischer Hellhörigkeit für die bekochten Personen zu tun hat, dass die Frauen an den Urbereich der Pflege, die Nahrung, geradezu gekoppelt sind, das geht sogar aus den ethnologischen Forschungsergebnissen hervor, die herausgefunden haben, dass auf der Welt keine Gesellschaft vorgefunden worden ist, in der es nicht die Frauen sind, die für die tägliche Nahrungszubereitung sorgen.

Eine Untersuchung hat gezeigt, dass Personen, besonders Männer, die jahrelang Kantine-Essen zu sich nahmen, wesentlich anfälliger für Erkrankungen der Verdauungsorgane sind. Der Zusammenhang ist unschwer zu erkennen: Es fehlt die den Bedürfnissen, dem Geschmack, auch den kleinen Unpässlichkeiten hellhörig angepasste Einstellung auf die im Arbeitsprozess Stehenden. So dient auch auf diese Weise die Hausfrau der Gesundheit ihrer Angehörigen und ist damit Motor einer gedeihlichen Gesellschaft. Der Wert einer solchen subtil auf die Bedürfnisse der Familie eingestellten Lebensweise der Frau ist als ein anerkannter Wert heute gänzlich abhanden gekommen.

Noch eine weitere Urbegabung der Frau kommt heute viel zu wenig zur Ausgestaltung: ihre Neigung zu einfühlsamer Barmherzigkeit. Auch diese Begabung lässt sich nur durch Herzensbildung verwirklichen. Sie lernt man aber nicht in den Laboratorien von Technikern, nicht in den intellektualisierten Gymnasien, nicht auf der Universität. Herzensbildung ist eine Sache der Bemühung um Besinnlichkeit. Sie bedarf der inspirierenden Unterstützung durch Musik, durch bildnerisches Gestalten, durch Kunst- und Glaubenserziehung. Herzensbildung bewirkt Hellhörigkeit für die Nächsten. Sie fließt aus der Liebe und nährt sich durch die Liebe.

Herzlichkeit im wahrsten Sinne dieses Wortes allein kann die Liebe nicht nur in der Familie, sondern auch in der Welt dauerhaft am Brennen halten. Das ist ja nicht selbstverständlich. Es bedarf einer anderen Zurüstung, als sie den modernen Frauen heute in ihrem Bildungsgang zuteil wird. Erhalten der Liebe, besonders auch für die Ehe, wie notwendig ist das für eine Gesellschaft, die eine hohe Kultur für sich in Anspruch nehmen möchte! Mit Recht schrieb uns der Historiker Moser 1986 ins Stammbuch: „Erst die Frau macht das Leben wohnlich. Und niemals könnte ein emanzipatorischer Rollentausch die Macht ihres Lächelns ersetzen."

Wie notwendig wäre es, den Grundbegabungen der Frau im Bemühen um ihre echte Selbstverwirklichung und um des Gedeihens der Gesellschaft willen mehr nachzugehen! In Deutschlands Schulen ist aber stattdessen seit 30 Jahren eine gegenläufige Tendenz dominant gewesen mit immer weniger Musik, immer weniger Singen und tänzerischer Gymnastik, immer weniger Kunst, Handarbeit und Religionsunterricht, immer mehr Verkopfung mit Betonung der naturwissenschaftlichen Fächer. Und durch den obligatorischen Aufklärungsunterricht darüber hinaus oft geradezu Verführung zum Sex ab 13.

Gertrud von Le Fort hat in ihrem Buch „Die ewige Frau"[8] deutlich gemacht, dass die ihres Wesens und ihrer Würde entkleidete, von der Verbindung mit Gott losgelöste Frau tiefer fällt als der Mann. Sie fällt deshalb tiefer, weil sie geheimnisvollerweise Gott näher ist. Weil die Aufgabe der Frau unmittelbarer, zentraler ist als die des Mannes, weil sie eigentlich ihrem inneren Wesen gemäß „von Kopf bis Fuß auf Liebe eingestellt ist“, deshalb ist auch die Vernichtung fundamentaler, wenn man die Frauenseele vergiftet und zerstört.

Schlussfolgerungen

Das lässt erkennen, dass die Tendenz zur Angleichung der Frau an den Mann im Geist unserer Zeit geradezu krankhaft ist; denn dieser Trend widerspricht letztlich ihrem Wesen, das sie zu ergänzenden Lebensaufgaben mit dem Mann und zur Erziehung der Kinder besonders befähigt. Deshalb kann dieser Zeitgeist nur destruktive und keine echt fortschrittlichen Folgen haben. An dem selbstmörderischen Geburtenschwund, der seit 30 Jahren unbeachtet anhält, ist das nur allzu deutlich ablesbar.

Für nachdenkliche Entwicklungspsychologen sind die Ergebnisse der Geschlechterforschung freilich nicht überraschend. Die Frau hat vor allem durch ihre angeborene Begabung, sich den Menschen liebevoll zuzuwenden, einen besonderen Auftrag im Schöpfungsgeschehen. Und dieser wird, wenn es in der Gesellschaft natürlich zugeht, durch eine höchst unterschiedliche Entfaltung der Geschlechter innerhalb ihres Werdeganges vorbereitet.

Heute ist in der Forschung z.B. klar, wozu die typischen Eigenschaften der Frau so ganz besonders nötig sind: Je mehr eine Mutter mit ihrem Baby spricht, umso rasanter entwickeln sich die Synapsen im Gehirn des Kindes. Die Intelligenz des Menschen hat ihre Voraussetzung also in der sprechfreudigen Liebesfähigkeit der jungen Mutter! Durch ihre Liebesfähigkeit ist sie in der Lage, sich mit Freude und Hingabe dem neugeborenen Kind zu widmen. Und durch ihre Stillfähigkeit wird dieses Gefüge nachhaltig untermauert. Deshalb ganz besonders ist die Frau, vor allem zusätzlich über das weibliche Geschlechtshormon Östrogen, zu diesem Dienst am Kind normalerweise intensiv motiviert. Gewiss kann sich der Vater auch aus Verantwortungsgefühl bereits für sein kleines Kind einsetzen, aber der jungen Mutter gelingt das durch ihre Hirnausstattung und durch ihre Hormonlage wesentlich leichter und selbstverständlicher. Die opferbereite Liebesfähigkeit der Frau ist eine Vorgabe in ihrer Ausstattung und von allergrößter Bedeutung. Diese Gegebenheit stützt die berechtigte Vorstellung der Christen, dass der Sinn des Geschöpfes Mensch darin besteht, der Entfaltung der Liebe als einer zentralen Verwirklichung des Willens Gottes, als einem Plan, den ER mit der Schöpfung Erde hat, zur Verwirklichung zu verhelfen. Die Konsequenz dieser Erkenntnis müsste heißen, der Erziehung des Mädchens zur Frau ein besonderes Gewicht beizumessen.

Niemand möge mich missverstehen: Es schadet den Mädchen nicht, wenn sie den Satz des Pythagoras lernen und wenn sie sich mit lateinischer Grammatik beschäftigen. Ja, es ist ein großer Fortschritt, dass sie heute eine Wahlfreiheit zur Ausbildung in praktisch allen Berufen haben. Aber wir sollten die einseitige „Verkopfung“ nicht zu einem dominanten Prinzip in den Schulen mit Mädchen erheben.

Die Eigenart des Weiblichen müsste in der Schulerziehung also wieder mehr betont und gefördert werden. Auch die Charaktereigenschaften des Pflegens, der Sorge, der Einfühlung, des Zuhörens, des Verstehens sind ja im Menschen förderbar. Der Geist der Frau könnte auch an Gegenständen geschult werden, die ihrem Wesen besser entgegenkommen, die ihr zudem ein neues Selbstwertgefühl vermitteln. Die Frau ist spezifisch musisch begabt, sie schreibt, so haben amerikanische Großuntersuchungen erwiesen, deshalb die besseren Aufsätze. Die Mädchenseele ist eine singende, eine tanzende

Seele! Tänzerischer Sport sollte mit zum Unterricht gehören. Der Geist der Frau könnte an Stoffgebieten geschult werden, die ihrem Wesen ein Stück entgegenkommen und ihr deshalb in ihrer Schulzeit dann auch mehr Freude machen. Ein Brachfeld wartet hier auf eine Beackerung, auf dem die schönsten Früchte möglich werden könnten; denn eins hat das leichtfertige ideologische Großexperiment also erneut erwiesen: mehr Gerechtigkeit entsteht gewiß nicht, wenn man Ungleiche gleichmacht, sondern neue Ungerechtigkeit.

Durch Gleichbehandlung von Jungen und Mädchen – so hat sich in Deutschland erwiesen – entsteht sogar Unterprivilegiertheit im männlichen Geschlecht; denn auch seine Chancen werden eher gehindert als verstärkt. Wie im vorigen Kapitel bereits dargestellt, verlängert sich sein Werdegang in der Konkurrenz mit den anfangs fleißigeren Mädchen. Immer mehr Jungen auf deutschen Gymnasien benötigen deshalb eine „Ehrenrunde" und machen später das Abitur als ihre Jahrgangsmitschülerinnen. Chancen werden behindert, die der Spätentwickler Mann vielleicht hätte zu einer Spitzenleistung nutzen können, wenn man ihm mehr Angemessenheit in der Zeit seiner Entfaltung eingeräumt hätte.

Im weiblichen Geschlecht aber kann unter Umständen Schlimmeres geschehen. Es gerät in die Gefahr, auf dem Boden seiner Anpassungsfähigkeit und damit einer Anpassung auch an eine ihm weniger gemäße, verkopfte Lebensform das Spezifische, das Besondere, ja, das Anziehende seines Frauseins einzubüßen, sodass eine letztlich für alle gefährliche und unglücklich machende Entwicklung gefördert wird.

Vor allem aber macht man die Frau unwillig und schließlich auch unfähig, sich auf das einzulassen, worauf vieles in ihrer wesensmäßigen Unterschiedlichkeit vornehmlich abzielt: sich für die Aufgabe, Familie zu bilden, herzugeben. Ja,sie ist der Fülle der subtilen Beanspruchungen, die dort auf sie warten, schließlich auch gar nicht mehr gewachsen.

Man hat es ihr mit viel List und Tücke ausgetrieben, dergleichen für ehrenwert, für gleichwertig oder gar für besonders notwendig, sinnvoll und hochwertig zu halten. Nun hat sie alles wie der Mann, auch seine Stresskrankheiten, seine Versuchungen, seine Verzweiflungen, seine Wütereien, seine Todesarten und Single-Einsamkeit im Alter.

Aber vor allem: Die forsch-rigide Verwirklichung der Gleichheitsideologie auf dem Feld der Geschlechter führt nicht nur zu einer Minderung der Hoffnung einzelner Menschen, ihre Begabungen in diesem Leben zu verwirklichen und dadurch sinnerfüllt glücklich zu werden, sie dezimiert generell das geistige Niveau unserer Gesellschaften und mindert deren Hoffnung auf Zukunft; denn die Frau ist eben in einer besonders hervorragenden Weise zu liebevoller Mitgestaltung vorgeprägt. Was aber ist unsere Welt wert ohne ihre Liebe – ohne ihre Opferbereitschaft aus Liebe für ihre Nächsten? Die Liebe ist doch für das christliche Abendland der höchste Wert! Haben wir das vergessen?

Bilanz: Sie sind von Anfang an verschieden, die Geschlechter, und wir haben deshalb auch die Verpflichtung, sie ihrer Eigenart gemäß zu erziehen und ihnen zur möglichst optimalen Entfaltung ihrer spezifischen Begabungen zu verhelfen.

Wir haben die Verpflichtung zu bewirken, dass gerade in der Phase, in der eine stärkere Differenzierung geschieht, in der Pubertät, in der die unterschiedlichen Geschlechtshormone, das Östrogen bei den Frauen und das Testosteron bei den Männern, ausgeschüttet werden und die Differenz noch größer wird, so angemessen erzogen wird, dass wirklich eines Tages eine Ergänzung stattfinden kann, dass Mann und Frau sich durch die Halbheit, die sie beide verkörpern, zu einer Ganzheit zusammenfinden. Da es Gleichheit unter den Geschöpfen nicht gibt, wird es auch niemals Gerechtigkeit durch Gleichmachung geben können. Man kann die Gerechtigkeit in der Welt nur fördern, wenn man den Menschen in seiner

Verschiedenartigkeit als gleichwertig anerkennt und ihm zu seiner spezifischen Entfaltung verhilft.

Im Grunde beruht nämlich die Fehlvorstellung, dass alle Individuen der Art Mensch gleich seien, auf der gefährlichen Idee, dass ein neugeborener Mensch allein durch seine Erzieher zu dem gemacht werden könne, was er später im Erwachsenenalter nach der Meinung dieser „Macher" sein sollte.

Letztlich taucht also hinter diesem Gleichheitswahn als Hauptmotiv die alte Versuchung des Menschen auf, sein zu können wie Gott; taucht die Haltung des Prometheus auf, die Goethe unnachahmlich schön formulierte: „Hier sitze ich, forme Menschen nach meinem Bilde, ein Geschlecht, das mir gleich sei"; taucht die alte Adamsünde auf, sich an die Stelle Gottes setzen zu wollen, den Menschen zwecks Eigenbemächtigung durch Erziehung zu manipulieren, wie es in der Sowjetunion 70 Jahre lang – den Menschen in seiner Eigenart entwürdigend – geschah.

Wir erkennen, dass dieses nicht nur eine Lüge ist, dass es sich hier nicht nur um eine Ideologie handelt, die sich nicht bewahrheitet, sondern dass man so dem Menschen und unserem Erziehungsauftrag nicht gerecht wird. Wir wissen heute, dass jeder Einzelne von uns in einer unverwechselbaren, nicht austauschbaren Individualität zur Welt kommt, die sich unter der Obhut der Erziehenden zu seiner Eigenständigkeit und seiner spezifischen Gestalt im Erwachsenenalter entfalten sollte. Die Gleichheitsideologie ist ein gefährlicher Irrtum, gegen den wir uns im Namen der Wahrheit entschieden zur Wehr zu setzen haben.

Und noch eins: Versuche dieser Art – dafür gibt die Geschichte Jahrhundertzeugnis –, Versuche der Eigenmächtigkeit und der Nichtbeachtung der Schöpfungswirklichkeit sind immer wieder in Strömen von Blut und Tränen gescheitert.

Wie müsste das schulische Ideal aufgrund der neuen Forschungsergebnisse und der 30-jährigen Erfahrungen aussehen? Mir schiene es am besten, wir könnten für unsere so unterschiedlichen Kinder eine Wahlfreiheit herstellen: Denkbar wäre eine stärkere Betonung der musisch-handwerklichen Fächer in den Koedukationsschulen, mehr Kurse mit jeweils geschlechtsspezifischen Präferenzen. Aber vor allem: Die reinen Mädchenschulen sollten selbstbewusst weiterhin um ihre Existenz kämpfen und sich nach Möglichkeit vermehren; denn sie haben sich voll bewährt! Wir brauchen also Schulen, die sich eine Erziehung der Mädchen zu Frauen zum Ziel setzen, etwa mit folgenden Schwerpunkten:

1. Sie müssen dem jungen Mädchen ein hohes Maß an Selbstwertgefühl und Freude am Frausein vermitteln.
2. Sie müssen zu Ehe und Mutterschaft vorbereiten und befähigen.
3. Sie müssen neben den Kräften des Verstandes auch jene der Fühlfähigkeit und des Glaubens entfalten und kultivieren.
4. Sie müssen zur Selbstständigkeit im Handeln und zur Verantwortung erziehen, auch zu sozialer und politischer Verantwortung.
5. Sie müssen eine gediegene , zu beruflicher Ausbildung vorbereitende Arbeit leisten, die in nichts hinter jener der Jungen zurücksteht.

Aber nicht nur die reine Mädchenschule, sondern vor allem auch die reine Jungenschule sollte doch neu diskutiert werden; denn es ist ebenso kurzsichtig, daran festzuhalten, dass junge Männer in eine Ausbildungsbenachteiligung geraten.

Wir brauchen sie beide, und zwar in möglichst bester Entfaltung – Frauen, echte Frauen und tüchtige Männer, die verantwortungsbewusst zupacken können.

Wenn wir Zukunft haben wollen, sollte die Liebe zu Gott und unseren Nächsten der höchste Wert bleiben. Die Erziehung zur Frau muss dabei ein besonderes Gewicht erhalten, weil sie dafür besonders begabt ist. Es macht ihre Lebensfreude aus, dieses Geschenk zu verwirklichen – wenn wir selbst das nur nicht verkorksen.

Die verführte Jugend

Erziehung zur Sucht

Auf die großen Medienfeldzüge für den „Genuss ohne Reue", die vor 35 Jahren in der Bundesrepublik West einsetzten, konnten Fachleute allenfalls mit einem Misstrauensantrag antworten. Es war relativ unwahrscheinlich, dass es keine schädigende Wirkung haben würde, wenn man der Jugend als „neue Moral" den Slogan einhämmerte: Probiert alles aus, was wir euch in unserer so herrlich freien Gesellschaft bieten können ...

Wir bieten euch z.B. nun in den Schulen Raucherzimmer an und behaupten, dass dieses Procedere gerade einen besonders maßvollen Konsum zur Folge haben würde. Wir bieten euch die sanfte Droge der Marihuana-Pflanze an. Sie erzeugt Entspannung und Glück und ist allemal ohne schädigende Wirkung. Und dass ihr euer Maß findet, ist auch hier vorauszusetzen: Wir, die Verantwortlichen, müssen es lediglich erlauben.

Wir bieten euch Sex-Genuss ohne die Reue unerwünschter Nachkommenschaft an, und wir werden euch in den Schulen vom siebten Lebensjahr ab beibringen, wie man das macht. Wir bieten euch Nervenkitzel als Spaß an: Rausch der Geschwindigkeit, Rausch durch ekstatische Rhythmen, Rausch durch nackte Gewalt, und wir machen euch das täglich auf dem Bildschirm im Großformat vor – ihr dürft wählen, was euch gefällt.

Wie gesagt: Pädagogen, Psychologen, die vor 35 Jahren bereits Berufserfahrung hatten, war es unmöglich, diesen Schalmeien als einem konstruktiven Konzept der Jugenderziehung zuzustimmen; zu sehr widersprach das den Erkenntnissen über die Verführungsmöglichkeit der Menschen im Allgemeinen und der Jugend im ganz Besonderen – aber wer will schon auf Bewährtes hören, wenn die Tuilerien gestürmt werden?

Aber heute liegen die Bilanzen der sanften Revolution dieses Jahrhunderts schließlich auf dem Tisch, und sie sind mehr als verheerend. Bleiben wir nur bei den sanften Inhalationen: Wer im Alter von 12 Jahren zu rauchen beginnt, gerät schnell in die Gefahr des Nikotinmissbrauchs, und in diesen Fällen lauert der kleinzellige Lungenkrebs bereits auf die 40-jährigen. Der frühe Raucher steigt relativ oft aufs Haschisch um mit folgenden belegten Gefahren: „Langzeitbeeinträchtigungen des Gedächtnisses bei den Heranwachsenden, anhaltende Beeinträchtigung der psychomotorischen Leistungsfähigkeit, Mund-, Kiefer-, Zungen- und Lungenkrebs bei 19- bis 30-jährigen, Fetotoxizität, nicht lymphoplastische Leukämie bei Kindern Marihuana rauchender Mütter und ein sechsfacher Anstieg der Schizophrenie."[1]

Vor allem diese letztgenannte furchtbare Wirkung des schleichenden Nervengifts auf das Gehirn lässt sich in der Praxis des Psychotherapeuten immer häufiger mit Entsetzen konstatieren wie auch die öffentlich hartnäckig geleugnete Gegebenheit, dass der Haschkonsument meist bald mit der Wirkung der sanften Droge nicht mehr zufrieden ist, weil der Körper sich daran gewöhnt hat und deshalb auf härtere Stimulation der Stimmungserhellung drängt.

Ohne Stimmungserhellung läuft aber bei denen, die den Fehlweg der Betäubung erst einmal eingeschlagen haben, gar nichts mehr; denn hinter der Sucht steht meist von Kindesbeinen an die durch falsche Pflegekonzepte erworbene neurotische Depression. Weil viele Kinder mit ihr geschlagen sind, ist die Verführung zum „High-Sein" im Jugendalter wie eine Faust aufs bereits blutig geschlagene Auge.

Es gehört zum Wesen des Fortschritts der Menschheit, aus ihren Erfahrungen, besonders aus den fehlerhaften, zu lernen. Aber davon kann hierzulande keine Rede sein. Als Bankrotterklärung der bisherigen Therapieversuche wird stattdessen die Freigabe von Rauschgiften lautstark in Erwägung gezogen;

ein Gerichtsurteil aus Karlsruhe gewährte einem Lübecker Richter die Möglichkeit zu einem Urteil, das aller bösen Erfahrung des Praktikers Hohn spricht. In Talkshows wird die Gefahr häufig sogar von einschlägigen Ministern verharmlost. Es wird bekundet, dass in diesem Punkt in unserem Rechtsstaat alles in schönster Ordnung sei, da Haschischbesitz (wenn auch nur noch in größeren Mengen) schließlich weiterhin strafbar sei. Das große Wort in den elektronischen Medien führen weiterhin die Altkommunarden der ersten Stunde. Unbeeindruckt von aller furchtbaren Bilanz fordern sie für die Jugend „das Recht auf Rausch".

Daraus ergibt sich die Frage: Hat hier Dummheit oder böse Absicht das Sagen? Suchende Jugend braucht Vorbilder und Orientierung an konstruktiven Lebensentwürfen. Weil die nicht für alle zureichend durch das Elternhaus vermittelt werden können, bedarf es der Unterstützung durch Schule und Kirche. Desinformationen ist hier entgegenzuwirken ebenso wie Erziehungsformen, die seelische Labilität begünstigen, und zwar durch ein gezieltes, familienpolitisches Vorbeugungsprogramm. Der Rechtsstaat enthebt sich der Berechtigung zu dieser Bezeichnung, wenn er nicht mehr in der Lage ist, Verantwortung für die junge Generation – und das heißt für seine Zukunft – eindeutig zu signalisieren.

Das bezieht sich nicht nur auf den Umgang mit Haschisch, sondern auch auf viele weitere Unbekömmlichkeiten, die unsere Gesellschaft ihrer Jugend zumutet. Sie sollen in den nächsten Abschnitten dargestellt werden.

Ungesundes Nachtleben

Eine Ersatzkasse in Süddeutschland hat genau wissen wollen, wie es eigentlich mit dem „Feeling" der Jugendlichen bestellt ist. Sie hat 10.000 junge Menschen zwischen 14 und 25 Jahren danach gefragt und entdeckt: 20 % klagen über Nervosität, 19 % über Rückenschmerzen, und jeder Dritte – also an die 3.300 Seelen! – weiß über „eine oft schnell eintretende Müdigkeit“ zu berichten.

Das sind Zahlen, die sich im Einzelgespräch leicht bestätigen lassen. Und auch die Ursachen sind mit Hilfe einiger Zusatzfragen leicht zu ergründen: Es ist in diesem Alter eingerissen, die Nacht zum Tag zu machen, und da der nächste Morgen meist doch in eine Pflicht ruft, stellt sich auf die Dauer ein mehr oder weniger großes Schlafdefizit ein.

Was machen so viele junge Menschen des Nachts, statt sich aus dem Schlaf die Kraft zu holen, die sie für ihren Arbeits- und Ausbildungsalltag brauchen? Der Gründe sind viele:

Erstens: Es ist in diesen Jahrgängen zur Sitte geworden, „Feten“ und „Parties“ nicht um Mitternacht zu beschließen. Zwischen drei und fünf Uhr morgens auseinander zu gehen, ist spätestens vom 15. Lebensjahr ab Usus geworden und damit in diesem Alter auch zu einer Quelle von Schwierigkeiten der noch Unmündigen mit ihren Eltern. Die Jugendlichen haben das berechtigte Bedürfnis, mit ihrer Gruppe, ihrer Klasse, ihrer Clique mitzuhalten, um nicht in eine Außenseiterposition zu geraten. Mit Recht meutern verantwortungsbewusste Eltern gegen dieses Nachtleben, das oft auch im Hinblick auf Alkohol und Rauschgift jeglicher Kontrolle entzogen ist. Wer garantiert ihnen, dass ihre Sprösslinge heil nach Hause kommen? Die Quote der auf nächtlichen Autofahrten Umgekommenen ist in dieser Altersstufe hoch!

Zweitens: Die neuen Disco-Gepflogenheiten haben die nächtliche Aushäusigkeit noch nachhaltig verstärkt. Dort fängt das Treiben hauptsächlich erst in den späten Abendstunden an, oft sogar mit „open end“ – „open end“ erst recht bei den Technoparties, die sich über ein ganzes Wochenende hinziehen und im Dauertanz allenfalls unter Stimulantien durchgehalten werden können. Der Gebrauch von Ecstasy ist deshalb in den letzten Jahren hochgeschnellt, obgleich die Neurologen belegen, dass jede einzelne Pille bleibende Schäden im Stirnhirn zur Folge hat. Wieso soll man da also nicht schließlich chronisch müde und schlapp werden?

Drittens: Nicht jeder der jungen Menschen ruiniert sich auf diese Weise. Ein erheblicher Teil sitzt zu Hause, findet dort aber einfach nicht ins Bett: Die einen kleben am Fernseher, die anderen sind bereits in die Fänge der Computersucht geraten, wodurch die Vielzahl der Rückenschmerzen eine Erklärung zu finden vermag.

Viertens: Ein nicht geringes Trüppchen macht die Nacht auch zum Tag, um sich dem Sex zu ergeben, auf welche der so vielfältig angepriesenen Weisen auch immer.

Fünftens: Ein sicher nicht unbeträchtlicher Teil ergibt sich nächtens oralen Genüssen, Bier anfangs, aber bald oft auch Härterem, ebenfalls mit einem süchtigen Touch. Aber wenn der auch meist dazu führt, dass die nächtlichen Vielesser, Naschläufer und Vieltrinker der Schlaf überkommt, so ist doch auch diese Gepflogenheit nicht das Nonplusultra, weil der Körper nach einer kurzen Tiefschlafphase unruhiges Aufwachen erzwingt ...

Wen mag es wundern, dass aus diesem Nachtleben der Jungen in der Konsumgesellschaft außer chronischer Müdigkeit jene Nervosität resultiert, über die immerhin 20 % klagen? Die Freuden der Wohlstandsgesellschaft sind offenbar nicht ohne Tücken, ja, sie sind von einer bemerkenswerten Kurzsichtigkeit der Verantwortlichen gekennzeichnet; denn ihr Preis ist hoch.

Allerdings ist mit der Vermutung, dass es sich bei der Mehrzahl der jungen Menschen einfach nur um Disziplinlosigkeit handelt, ein wesentlich besorgniserregenderer Grund noch nicht angesprochen; denn manche der jungen Menschen, die aus der Erfahrung ihrer Müdigkeit nicht lernen, dass sie sich besser fühlen, wenn sie sich gesünder verhalten, sind bereits vorab von einer tiefen fundamentalen Schwäche gekennzeichnet. Diese ist ein typisches Merkmal einer latenten neurotischen Depression. Den von ihr Betroffenen fehlt die Kraft, Veränderungen durchzuführen, die der Überwindung bedürfen. Sie lassen eben einfach alles laufen, sie bleiben einfach da, wo sie gerade sind, sie bleiben eben sitzen, wo sie sitzen ... Der ans Glas gefesselte, über der Theke lehnende Säufer ist das Bild des Endzustandes solcher seelischer Erkrankungen.

Aber wie dem auch sei: Es gibt immerhin auch noch die – mehr als 50 %! – jungen Menschen, die mit ein wenig Vernunft, ein wenig nüchterner Disziplin und Verantwortungsbewusstsein ein besseres und dauerhafteres Glückspotential erreichen können.

Die Wahrheit über Ecstasy

Besonders die Gefahren durch die Designer-Droge Ecstasy werden immer noch unterschätzt. Befragt man jugendliche Discobesucher nach ihrer Einstellung dazu, so zeigt sich in der Mehrzahl der Fälle eine erschütternde Unaufgeklärtheit: „Na ja, das könnte einem eventuell auch mal nicht bekommen“, sagen die einen. Die anderen antworten kess: „Ist zwar verboten, aber doch leicht zu kriegen und macht schnell high.“

Ähnlich verharmlosende Äußerungen ließen sich im Fernsehen vernehmen. Ein „Experte“ erklärte jüngst in einer Befragung zu diesem Thema: Ecstasy sei nicht generell schädlich. Nur sehr selten komme es zu einem akuten körperlichen Zusammenbruch. Das sei ähnlich zufällig wie bei einer Schnupfen-Infektion. – Hessens Gesundheitsbehörde gar gab in den 90er Jahren eine Broschüre zum Umgang mit Ecstasy heraus und empfahl dort einen wohldosierten Gebrauch.
Solche Aussagen entsprechen nicht im mindesten der schrecklichen Wahrheit; denn nicht allein der nur gelegentlich auftre-

tende akute Zusammenbruch des Körpers bildet auch hier eine Gefahr für die Jugendlichen, die sich auf diese Weise in den Rausch des Außer-sich-Seins versetzen möchten: Seit mehreren Jahren schon sind die englischen Untersuchungen bekannt, die von irreversiblen Beschädigungen sprechen. Danach sind die gesundheitlichen Gefahren außerordentlich groß.

Bereits 1996 fasste das Deutsche Ärzteblatt die Ergebnisse folgendermaßen zusammen: „Der Grundstoff von Ecstasy, das Metylendioxymetamphetamin, das aus Derivaten der Muskatnuss oder des Sassafrassbaums gewonnen wird, kann durch verschiedene Syntheseverfahren und durch das Einfügen neuer chemischer Bausteine in die Molekularstruktur eines Wirkungsprofils fast beliebig – und für die Exekutive unüberschaubar – variiert, gewissermaßen immer neu entworfen werden." Dies hat den daraus entwickelten Stoffen ihren Namen eben als „Designer"-Drogen gegeben. Abgesehen davon, dass die den jugendlichen Käufern meist unbekannte Konzentration der berauschenden Substanz ein erheblicher Risikofaktor ist, beschreiben die Fachleute folgende „Nebenwirkungen": „Angstgefühle bis hin zur Paranoia, Muskelzuckungen, Depersonalisationsphänomene, Panikattacken, generalisierte Angststörungen, Burnt-out-Syndrom, Depressionen, psychische Abhängigkeit." Bei gleichzeitiger Einnahme von Antidepressiva kann es sogar zu einer zerebralen Krampfbereitschaft und „Bewußtseinsstörung bis zum Tod" kommen.

Nachdrücklich wird in dem Bericht vor „gefährlichen Begleitumständen in der Techno-House- oder Rave-Szene" gewarnt. Wörtlich heißt es: „Gewinnmaximierung ist in der Drogenszene oberstes Gebot. Teilweise sind die Wasserhähne abmontiert, um den Tänzern die Möglichkeit zu nehmen, ihren Durst kostenlos zu stillen (!). Die „Dehydration" (Austrocknung) kann in Verbindung mit Überdosierung zu vitalbedrohlichen Zuständen führen mit zerebralen Krampfanfällen und Nierenfunktionsstörungen bis hin zum Nierenversagen mit z.T. tödlichem Ausgang."[2] Andere Fachblätter wissen darüber zu berichten, dass es 1995 in der BRD bereits 15 Todesfälle dieser Art gegeben habe und dass bei langfristigem Gebrauch der Droge irreversible Schäden an Nervenzellen, Leber und Nieren beobachtet worden seien.

Diese Forschungsergebnisse sind kürzlich von einem Team der Abteilung für Neuroanatomie der Universität Bielefeld erhärtet worden. Unter der Leitung von Prof. Gertraud Teuchert-Noodt ist das Team zu folgendem Ergebnis über Ecstasy gekommen: „Eine dysfunktionale Neuromorphogenese durch Drogenmissbrauch basiert auf zwei erst in jüngster Zeit entdeckten Eigenschaften des Gehirns während der Juvenilentwicklung. Zum einen reagiert speziell das Stirnhirn aufgrund seiner verzögerten Dopaminreifung in der Jugendphase hochgradig adaptiv (neuroplastisch), und zum anderen haben Drogen aus der Strukturgruppe der Amphetamine, wie Ecstasy, eine destabilisierende Wirkung auf Reifungsprozesse in höheren Hirnzentren. Experimentell haben wir belegt, dass die einmalige Gabe von Metamphetamin auf der Basis produzierter Metaboliten eine dysfunktionale Umorganisation im Stirnhirn mit Bleibe-Schäden zur Folge hat."[3]

Einmal ist bei Ecstasy also keineswegs keinmal! Die seit 30 Jahren gängige Devise für Jugendliche „Probiert alles aus!" erfährt hier also wissenschaftlich nachweisbar eine schwer wiegende Grenzsetzung. Stattdessen aber die Fakten: Beobachter der Technoparties schätzen, dass 80 % der Teilnehmer unter Drogen, mehrheitlich unter Ecstasy stehen!

Wie unverständlich ist in Anbetracht dieser Situation, dass sich die Ergebnisse der Hirnforschung meist nur in medizinischen Fachzeitungen erfahren lassen! Wie dringlich wäre es, dass es jedem Jugendlichen bekannt wäre, dass hier ein bisschen Probieren, ein bisschen Mitmachen, ein bisschen Wider-den-Stachel-Löcken die geistige Leistungsfähigkeit des Gehirns für alle Zeiten mindert!

Warum macht diese Forschungsbilanz keine Schlagzeilen? Warum werden nicht alle jugendlichen Schüler in den Schulen darüber aufgeklärt, warum gibt es nicht eine noch viel energischere Verfolgung der Verkäufer dieses Gifts? Gibt es keine Instanzen mehr, die sich für den geistigen Status unserer jungen Generation verantwortlich fühlen? Wenn man sich besorgt fragt, wer hier vor wem kuscht, wird einmal mehr sichtbar, dass unser Zeitgeist eine vor 30 Jahren in unserer Gesellschaft installierte heilige Kuh auf Teufel komm raus unangetastet bestehen lassen möchte: die Verabsolutierung der uneingeschränkten Freiheit des Einzelnen.

Aber diese Devise kollidiert mit der Unreife der Kinder, kollidiert mit der trotzigen pubertären Unerfahrenheit der Jugendlichen. Durch diese antiautoritären Trends haben in den letzten Jahrzehnten die Wohlstandsverwahrlosungen in der jungen Generation zu einem Massenphänomen werden können. Durch diese Überbetonung des Rechts auf Selbstbestimmung hat eine verheerend falsche Drogenpolitik um sich gegriffen und viele Jugendliche um ihre Gesundheit, ihre Hoffnung auf ein sinnvolles Leben, ja, um ihr Leben gebracht!

Realistische Pädagogik stellt in Rechnung, dass Kinder und Jugendliche der Orientierung durch Erwachsene bedürfen, um Lebenswege zu finden, die ihnen zum Glück verhelfen. Wer sich dem versagt, macht sich verantwortungsloser Unterlassung schuldig. Noch einmal: Wer kuscht hier also vor wem, wenn der Öffentlichkeit die Wahrheit über Ecstasy vorenthalten wird?

Piercing

Ähnliche Unterlassungssünden wie beim Rauschgift zeichnen sich bei einer neuen Mode, dem Piercing, ab. Ein Fall aus der Praxis: „Was kann ich denn dafür, dass das Zeug sich plötzlich entzündet hat?", heult die 16-jährige Jessica ins Telefon. „Aber meine Mutter hat gleich einen Tobsuchtsanfall gekriegt, am liebsten hätte sie mich umgebracht. Dann hat sie mich am Kragen gepackt, ins Auto geschleift und ist mit mir zum Arzt gefahren. ‚Der war nicht weniger unmenschlich. Die Brust muss jedenfalls operiert werden, vielleicht muss sie auch ganz ab', hat er gesagt. Dabei war das echt klasse – mein Brustwarzen-Piercing; nun bin ich das los und meinen Busen womöglich auch. Keiner versteht mich!"

Aber versteht Jessica sich selbst? Warum hat sie sich heimlich zu einem „Schnäppchenpreis" auf der Toilette einer Disco in dieser Weise „verschönern" lassen? „Weil es alle tun, weil es nun mal in ist", weiß sie – weil es Spaß macht, es einem der favorisierten Jungs aus der Clique zu präsentieren.

Was für einer dekadenten, gefährlichen Mode gibt sich da zurzeit unsere Jugend beiderlei Geschlechts hin! Es ist vermutlich die Sehnsucht nach dem Außergewöhnlichen, nach dem risikoreichen Spiel mit der Gesundheit, nach dem einmal ganz anderen, dem aus der Eintönigkeit des Wohlstandslebens Herausragenden, Exorbitanten, das diesem Trend zugrunde liegt. „Durch den Schmerz fühlen, dass ich bin", beschrieb einmal eine junge Patientin ihr Tun. Jedenfalls lässt es sich so erklären, dass nicht einmal bei durchbohrten Ohren, Augenbrauen, Lippen, Zungen, ja nicht bei dem Ring durch die Nase stehen geblieben wird, sondern gelegentlich sogar Brust, Bauchnabel, Scheide, Hoden und Penis Durchbohrungen ausgesetzt werden.

Der Chefarzt einer Spezialklinik für plastische Chirurgie, Dr. Hans Rudolph, warnt im Niedersächsischen Ärzteblatt auf dem Boden umfänglicher Erfahrung nachdrücklich vor diesem Piercing-Boom. „Piercing kann zu einer ganzen Reihe schwer wiegender Komplikationen führen – von akuten über chronische Infektionen bis zu Nervenschäden und Irritationen. Dabei sind Infektionen mit multiresistenten Erregern,

Hepatitis C, HIV, Syphilis, Tuberkulose, Lepra und Tetanus nachgewiesen worden." Und dann schildert dieser erfahrene Klinikchef geradezu ein schockierendes Szenario von Folgeschäden: Verlust der gesamten entzündeten Ohrmuschel, der Nasenspitze, Schädigung der Gesichtsnerven bis zu Zungenlähmungen mit Atemnot, Deformationen der Genitalien nach Piercing in diesem Bereich etc. etc. pp.[4]

Es wäre dringend angezeigt, dass unser Gesundheitsministerium sich des neuen Trends annähme; denn dadurch allein, dass Piercing bei unmündigen Jugendlichen lediglich mit elterlicher Erlaubnis geschehen darf, ist das Problem nicht zureichend gelöst. Oft sind auch die Eltern nicht informiert, oder die Jugendlichen haben sich selbst eine Erlaubnis ausgestellt, oder – bei lascher Handhabung der Piercer – die Kinder geben kopfnickend an, dass sie das Einverständnis der Eltern besitzen.

Wie der Fall Jessica zeigt, wird das Piercing am Rumpf darüber hinaus häufig vor den Eltern einfach verheimlicht. Besonders das Bauchnabel-Piercing ist hier bei Schülerinnen und Schülern geradezu üblich. Und viele Eltern geben zudem resigniert nach, wenn sie vor die vollendeten Tatsachen gestellt werden und die Prozedur bereits ohne ihre Einwilligung nun einmal geschehen ist. Die Gefahr ist auch gewiss nicht dadurch gebannt, dass die Ärzteschaft und die gesetzlichen Krankenkassen sich distanzieren und Piercing als ärztliche Leistung nicht anerkennen.

Das Piercing ist eine der schädlichen Moden mehr, die eine liberalistische Gesellschaft in schläfriger Verantwortungslosigkeit bei ihrer Jugend duldet. Und falls es die Eltern doch schaffen, die Kinder bis zum 18. Lebensjahr – dem Datum ihrer Mündigkeit – davon abzuhalten, sich piercen zu lassen, sind sie von diesem Alter ab häufig noch keineswegs so mündig, dass sie die Gefährlichkeit eines Mitlaufens in diesem Trend hinreichend in Erwägung ziehen können. Im Gegenteil

– auch bei dieser so folgenschweren Körperbeschädigung der Jugendlichen hat sich die Herabsetzung des Mündigkeitsalters vom 21. auf das 18. Lebensjahr als eine schädliche Maßnahme herausgestellt. Die Herabsetzung des Mündigkeitsalters hat die Eltern neu einer Kette von Nöten ausgesetzt, die vermeidbar wären. Verbieten die Eltern den 16- und 17-jährigen das Piercing, werden sie nur allzu oft angeschrien: „Na, wartet nur, wenn ich erst 18 bin!"

Wie oft werden auf diese Weise die Beziehungen zu den Eltern ganz sinnlos beschädigt, obgleich die Jugendlichen auch trotz ihres Mündigkeitsalters den vertrauensvollen Rat von sie liebenden Eltern wohl noch nötig hätten. Piercing gehört in die Reihe der destruktiven Gepflogenheiten, zu denen die Jugendlichen heute verführt werden. Sie vermehren die Konflikte mit den Eltern und setzen die Jugendlichen schweren Folgeschäden aus.

Der Jugendsex

Die gravierendste, die Jugend und damit die Zukunft der Gesellschaft am meisten schädigende Verführung ist die zum Jugendsex. Seit der Erfindung der Antibabypille, seit der sexuellen Revolte wurde nun die kultivierende Ordnung in den hochtechnisierten Gesellschaften weitgehend aufgegeben. Enthemmung wurde zur „neuen Moral" hochstilisiert und ergriff – von den Medien fortgesetzt angefacht – immer mehr junge Menschen.

Die Sexualität, die mit der Geschlechtsreife aus der Latenz erwacht, wurde seit der Erfindung der Verhütungsmittel künstlich von der Fortpflanzung abgetrennt und künstlich zu einer Sache an sich gemacht. Der Jugend wird seitdem vermittelt, zum Lieben gehöre spätestens von der Geschlechtsreife ab auch der Sex. Dadurch ist beim Sexualverhalten im Jugendalter ein völliger Wandel eingetreten. Unter dem ständigen Einfluss der Medien, besonders der fortlaufenden Serien über derlei Themen in einschlägigen Jugendzeitschriften, allen voran „Bravo", durch eine zum Teil geradezu zum Geschlechtsverkehr ermunternde Form des Sexualkundeunterrichts in den Schulen, durch die Resignation der Eltern und einen die Frühsexualisierung fördernden Geist in unserem Familienministerium haben die Jugendlichen, kaum dass sie sich ein wenig handfester verliebt haben, die Vorstellung, nun auch miteinander schlafen zu müssen. Aber es kann nicht länger übersehen werden, dass die schädlichen Folgen sich mittlerweile verheerend ausgewirkt haben, sodass auf die Länge die gesamte Existenz der deutschsprachigen Länder in Frage gestellt ist.

Bei einer solchen Enttabuierung des Jugendsex entstanden z.B. im letzten Jahrzehnt ungewollt dennoch immer häufiger Schwangerschaften. Im Jahr 2000 brachten 7.000 minderjährige Mädchen ein Kind zur Welt. Die jungen Paare haben im entscheidenden Moment dem Ansturm der Gefühle nicht widerstehen können. 6.000 Abtreibungen bei 15-jährigen Mädchen gab es im vergangenen Jahr.[5] Aber Abtreibung darf doch nicht ein Mittel zur Geburtenregelung sein, da es sich immer um Tötung menschlichen Lebens handelt, und das löst erfahrungsgemäß bei den aufgeklärten Jugendlichen heute besonders schwere Schuldgefühle aus. Außerdem steigert jede Abtreibung die Gefahr, später an Brustkrebs zu erkranken.[6]

Ein neues Forschungsergebnis besagt darüber hinaus, dass der Gebärmutterhalskrebs bei Frauen, deren erster Koitus zwischen dem 15. und 17. Lebensjahr stattfand, doppelt so oft vorkommt wie bei Frauen, die erst jenseits der Zwanzigjährigkeit ihre erste intime Beziehung haben.[7] Diese negativen Erfahrungen haben deutlich gemacht, dass der mit Liebe gleichgesetzte Sex im Jugendalter mehr schadet, als eine glückliche Zukunft vorbereitet. Die leichtfertige Erlaubnis zu sexuellem Umgang mit jugendlichen Partnern kann besonders den Mädchen nachhaltig und irreparabel auch seelisch schaden, und zwar einmal dadurch, dass sie, wenn sie von ihrem ersten Liebhaber, an den sie sich liebend banden, enttäuscht und verlassen werden, zur Promiskuität neigen (nach dem Motto: Jetzt ist sowieso alles egal) – eine Verhaltensform, die sie immer mehr davon abbringt, Ehe auf Lebenszeit und Familiengründung für erstrebenswert zu halten.

Darüber hinaus machen Erkrankungen der Geschlechtsorgane, Angst vor Schwangerschaft, Schuldgefühle wegen Abtreibung, Unwertgefühle wegen durchgemachter Geschlechtskrankheiten ihre Seele unruhig, elend, oft hart und stumpf – Eigenschaften, die kein verantwortungsbewusstes Elternpaar sich für seine Tochter und auch nicht für sich selbst wünschen kann.

Die Sofortbefriedigung von Triebwünschen hat sich eben doch als eine sehr zweifelhafte Methode zur Gewinnung von mehr Lebensglück herausgestellt. Sie macht oberflächlich, anspruchsvoll-gierig im Hinblick auf mehr Sexualität, sie vertieft nicht die seelische Bindung, weil man ihr nicht Zeit zum Wachsen und Sichfestigen zubilligt. Sexuelle Sofortbefriedigung unterbindet die allgemeine Befähigung zur Disziplinierung, sie mindert den Antrieb zu geistigen Anstrengungen. Sie vergeudet statt dessen Kraft und Zeit, die für andere Aufgaben dann nicht mehr zur Verfügung stehen.

Resümee: Anerkennung der natürlichen Sehnsucht nach Liebe der Jugendlichen durch ihre Eltern einerseits und Erziehung zum Warten und nachdenklichen Auswählen des richtigen Partners andererseits haben sich als das bessere Rezept zu dauerhaftem Lebensglück erwiesen. „Liebe ist Geduld“, sagt Paul Segal, „Sex ist Ungeduld.“ Das gilt auch in Bezug auf die Homosexualität. Auch auf diesem Sektor herrscht eine erschreckende Desinformation und Sorglosigkeit vor. Deshalb soll diesem Thema später ein gesondertes Kapitel gewidmet werden.

Make love, not war

Die Triebtäterfalle

Die sogenannte „Befreiung zur Sexualität“ – vor 35 Jahren in unserer Gesellschaft proklamiert[1] – hat eine Reihe weiterer destruktiver Beeinträchtigungen zur Folge gehabt, die heute bedenkliche Ausweglosigkeit heraufbeschworen haben, so z.B. durch das Boomen rückfälliger Sexualstraftäter.

Zum sechsten Mal z.B. ist der Täter Schmökel ausgebrochen und rückfällig geworden. Hoch brandet der Zorn in der Bevölkerung. Verzweiflung und Ratlosigkeit beherrschen die Akteure: die behandelnden Psychotherapeuten, die Richter, die Psychiater, die Bewacher, die staatlichen Instanzen.

„Können wir nicht endlich lernen“, sagte ein Vertreter der Opferorganisation Weißer Ring im Fernsehen, „dass der Schutz der Bevölkerung in solchen Fällen vorrangig sein muss? Warum macht man so unverbesserlich immer die gleichen Fehler beim Umgang mit Triebtätern?“

Das ist allerdings eine mittlerweile brennend notwendige Frage geworden, die dringend der Erörterung bedarf.

Als langjährige Gutachterin bei norddeutschen Jugendgerichten möchte ich Folgendes in Erwägung ziehen: So unumgänglich es ist, den liberalisierten Strafvollzug zu hinterfragen, so billig ist es andererseits, den Psychotherapeuten im Strafvollzug allein den schwarzen Peter der Schuld zuzuschieben. In der Mehrzahl sind gerade Triebtäter umgängliche Menschen. Sie setzen den therapeutischen Bemühungen selten Widerstand entgegen (wie andere Delinquenten!). Oft verlieren sie während des therapeutischen Prozesses ihre verschlossene Schüchternheit. Je mehr sie angenommen werden, um so mehr sind sie bereit mitzuarbeiten, sich in ihr So-Gewordensein zu vertiefen und mit nach den Ursachen der psychischen Störung auf die Suche zu gehen. Das vermittelt dem Therapeuten die Vorstellung, erfolgreich zu sein. Es entsteht darüber hinaus (besonders bei den weiblichen Heilern) eine Bindung, ein Wohlwollen im wahrsten Sinne dieses Wortes, eine Bereitschaft, sich für den Delinquenten einzusetzen, im Glauben an ihr eigenes Können und an das Gute in ihrem Patienten.

Daraus erwächst der Impuls, ihm seine Rückkehr in die Freiheit zu ermöglichen. Ja, gäbe es Röntgenapparate der Seele – es wäre einfacher, hier den schönen Schein von objektiven Tatbeständen zu unterscheiden. Aber ähnlich treffsichere Apparate wie in der Medizin für die Unterscheidung zwischen Krankheit und Gesundheit gibt es in der Psychologie nicht. Manchmal täuschen sich die Triebtäter selbst über den Grad ihrer neu gewonnenen Festigkeit durch das neu gewonnene Verständnis für die Entstehung ihrer schrecklichen Taten. Viele andere täuschen allerdings auch sehr bewusst die Therapeuten, indem sie ihnen die allzu häufig immer noch vorhandenen bösen Phantasien (vor allem während der Selbstbefriedigung) verschweigen, um sich ihre Chancen auf Freigang und Freilassung nicht zu verbauen. Echten Erfolg von Scheinerfolg zu unterscheiden, bleibt deshalb für die Psychotherapeuten im Strafvollzug meist heikel.

Dass hier ein humanitärer Wunsch des Therapeuten die Erfahrung mit den so häufig zu Wiederholungstätern werdenden Sexualdelinquenten übertönt, hat darüber hinaus aber noch eine andere Ursache, die unbedingt auf den Tisch muss, wenn wir zu einer Verbesserung der makaberen Situation kommen wollen.

Die Generation der heute 30- bis 50-jährigen, die im Gesundheitswesen ausgebildet wurden, hat in der Regel ihre sozialen Berufe auf dem Boden eines fundamental veränderten Menschenbildes erlernen müssen. Nirgendwo hat die Ideologie der sogenannten Kulturrevolution so tief eingreifen können wie beim Umgang mit Straftätern und Geisteskranken. Denn seit 1968 muss der – so scheint es nun – eigentlich gute gesunde Mensch lediglich von den seelischen Verletzungen befreit werden, die ihm die Gesellschaft durch ihre schädlichen Strukturen aufnötigte und ihn allein dadurch krank werden, d.h., ihn eigentlich doch gerade gesund reagieren ließ. Ist dem Triebtäter erst einmal klar gemacht worden, dass sein Handeln eigentlich berechtigte Rache an einer Gesellschaft war, die mit Recht zu bekämpfen ist, kann er – so meint man seitdem – von den Aggressionen gegen einzelne Objekte lassen und sich stattdessen direkt mit dafür einsetzen, dieses falsche System abzuschaffen. Diese Fehlvorstellung über die Ursachen seelischer Erkrankungen und damit eine neue Zielgerichtetheit in der Psychotherapie schwächte sich zwar im Laufe der Jahrzehnte etwas ab, stand und steht aber in den Ausbildungen immer noch Pate, wenn es um die Umgehensweise mit dem Rechtsbruch und mit delinquenten Menschen geht. Sowohl das Prinzip der Verbesserung durch Einsicht in Schuld und Lernen aus der Strafe als auch der Schutzgedanke für die sich an die Gesetze haltenden Mitglieder der Gesellschaft gingen dabei mehr und mehr verloren.[2]

Gegen eine Ideologie, die sich an der Erfahrung als konstruktiv erweist, wäre im Grunde wenig einzuwenden; aber dieses Menschenbild erwies sich rasch als unzureichend, weil das anarchistische Auswirkungen hatte. Ja, sie begannen daraufhin geradezu zu wuchern; denn auch die Tabuierungen auf dem Sektor Sexualität, so behauptete man (im Gegensatz zu den Erfahrungen der Menschheit mit dieser Großmacht) seien lediglich Repressionen der in der Gesellschaft Mächtigen zum Zwecke der Machtausübung und bedürften infolgedessen der Enttabuierung und befreiender Einübungen am besten bereits von Kindesbeinen an.

Auf dem Boden dieser Vorstellung wurde der sexuelle Kindsmissbrauch zur weitgehend tolerierten Mode. Nach der großen Strafrechtsreform von 1976 diente auch die Jurisprudenz in diesen Bereichen eher einem Delinquentenschutz, als dass ein echter Rechtsschutz für die Bevölkerung erhalten blieb. Toleranz durch Identifikation mit dem Rechtsbrecher setzte sich tendenziell immer mehr durch. Auf diese Weise wurden sowohl das Rechtsbewusstsein generell eingeschränkt wie auch das Strafrecht auf diesem Sektor zunehmend entmachtet. Die Delinquenz boomte infolgedessen in den folgenden beiden Jahrzehnten.

Diese ideologischen Hintergründe, die dem einzelnen Akteur heute selten überhaupt noch bewusst sind, dürfen nicht übersehen werden, wenn zurzeit immer häufiger ebenso skandalöse wie ausweglose Situationen entstehen.

Mit Recht werden infolgedessen die psychiatrischen Gutachter für Wiederholungstäter knapp. Zu häufig und spektakulär erwiesen sich die Stempel, mit denen die Fachleute ihnen eine erfolgreich abgeschlossene Therapie bescheinigten, als unangemessen: Sie vergewaltigten doch wieder, sie entführten doch wieder ein Kind, sie missbrauchten und töteten es häufig sogar. Sie erwiesen sich als typische Serienkiller und als typische Kinderschänder. Mit Recht spricht die Polizei von einer typischen „Handschrift" des einzelnen Verbrechers. Und ein Großteil der kriminologischen Fahndungserfolge beruht darauf, dass bereits vorausgegangene Taten aktenkundig geworden sind.

„Wegsperren für immer", ruft deshalb Bundeskanzler Schröder und bildet so – bewusst populistisch – ein Echo der berechtigten Empörung in der Bevölkerung über eine neu ruchbar gewordene Triebtat eines rückfällig gewordenen Delinquenten.

Aber warum tun Justiz und Psychiatrie und erst recht die Psychotherapie sich so schwer, der Rückfallgefahr entsprechend Rechnung zu tragen? Warum lassen sie die sich schließlich als unverbesserlich erweisenden Täter immer wieder laufen, wird damit doch immer neu eine erhebliche Gefahr, oft sogar für Kinder, heraufbeschworen?

Das liegt zunächst einmal daran, dass nicht alle Rückfalltäter später bei den Gerichten wieder in Erscheinung treten. Bei 20 bis 40 % der lediglich Inhaftierten ist das der Fall (60 bis 80 % werden also wieder rückfällig!). Aber nur 30 % der im Strafregelprozess Therapierten treten erneut strafrechtlich in Erscheinung. Muss man nicht annehmen, dass die Therapie ihnen geholfen hat? Und rechtfertigt das nicht alle nur erdenkliche Bemühung? Jedenfalls stützen die Zahlen der anscheinend nicht wieder rückfälligen Täter den oft jahrelangen Aufwand der Therapeuten. Was hätte dieser kostspielige jahrelange Aufwand für einen Sinn, wenn die Kranken gar nicht heilbar wären? Aber haben Psychiatrie und Psychologie dafür sichere Kriterien? Die Fehlurteile der letzten Jahre lassen daran zumindest bei den 70 % der anscheinend Geheilten Zweifel anmelden. Sind nicht zumindest einige von ihnen in einen „Untergrund" verschwunden, in dem sie angesichts neu aufzuklärender Straftaten, die ihre „Handschrift" tragen, nicht mehr auffindbar sind?

Hier wird eine Aporie sichtbar, die die psychologischen Gutachter und die Psychiater im Strafregelprozess vor solchen Aufgaben zurückschrecken lässt. Es ist bei der Arbeit mit dem Inhaftierten schwer, nüchtern misstrauische Objektivität im Hinblick auf eine eventuelle, ja wahrscheinlich weiter bestehende Gefahr im Auge zu behalten: Viele Triebtäter sind gewissermaßen reuige Sünder. Hat erst einmal ein Kontakt mit dem Behandler aufgebaut werden können, scheint sich die Arbeit konstruktiv zu gestalten. Jetzt kommen meistens Erlebnisse aus der Vorgeschichte des Delinquenten zur Sprache: Nestlosigkeit, Vernachlässigung, Scheidungswaisenschicksal, Misshandlungen, sexueller Missbrauch, frühe Panikattacken – Fakten, die geeignet sind, eine Erklärung für die Untat durch den Aufbau einer negativen Entwicklung abzugeben. Die Willigkeit des Therapierten und seine wiederholte Bekundung „Ich will es nun auch ganz und ganz und ganz gewiss nicht wieder tun" können den schrecklichen Tatbestand verklären. Der Wunsch nach Freilassung ist allemal der Vater der Ausführungen des Gefangenen. Der bereits psychologisch gewiefte Täter legt es verständlicherweise oft geradezu auf die Täuschung des Behandlers an. Andere Triebtäter neigen darüber hinaus zum Selbstbetrug über die Reversibilität ihrer pathologischen Neigung. Das wird nur allzu oft verkannt. In diese Falle geriet vor einiger Zeit eine Hamburger Therapeutin, indem sie sich während der Behandlung eines Wiederholungstäters in diesen verliebte und ihm zur Freilassung verhalf, was dieser ihr mit einer neuen Gräueltat übel vergalt.

Auch das Strafverfahren gegen den aus seinem Freigang entflohenen Schmökel konfrontierte die Öffentlichkeit mit Fehleinschätzungen der ihn einst betreuenden Instanzen.

Wer wohl mag da noch begutachten, wer unter den erfahrenen Psychotherapeuten noch zur Behandlung von Straftätern zur Verfügung stehen? Denn auch die Frage nach einem Mördergen ist wieder aus der Versenkung aufgetaucht.

Immerhin ist die neue Maßnahme der Bundesregierung, die Freilassung therapierter Triebtäter von getrennt untersuchenden Gutachtern abhängig zu machen, ein Schritt in die richtige Richtung; denn eine Praxiserfahrung weiß allemal: Die Fehlnutzung der Sexualität führt nur allzu häufig in die Sucht – schon ganz und gar, wenn diese sich auf dem Boden einer seelischen Verletzung, eines Traumas, aufgebaut hat.[3]

Jenseits der Pubertät eingebahnte Süchte zu heilen, ist grundsätzlich Sisyphusarbeit mit unsicherem Ausgang. In diese Kategorie gehören gewiss viele rückfällige Triebtäter, schon ganz und gar, wenn sie durch traumatisierende Eingriffe Erwachsener im Kindesalter entstanden sind. Dann kann das Opfer, erwachsen geworden, unter Umständen selbst zum Täter werden. Der verabsolutierte Trieb verselbständigt sich: Der

Betroffene verliert seine innere Freiheit. Er wird durch seine Fantasien an die ausgemalte Tat so lange gefesselt, bis er eine Gelegenheit findet, sie auch auszuführen. Die vornehmlich männlichen Triebtäter sind oft unentwegt auf der Jagd nach ihrer speziellen Beute: Nicht selten wird ein Kind gesucht, das so hilflos ist, wie der Täter als missbrauchtes oder misshandeltes Kind selbst war. Bei den Vergewaltigern von Frauen war manchmal ein weibliches Wesen mit verursachend an der zum Verbrechen entartenden seelischen Verletzung. Das heißt: Der Triebtäter ist ein Abhängiger. Deshalb ist seine Therapierbarkeit grundsätzlich eine heikle Angelegenheit.

Wenn hier nicht weiter von Eklat zu Eklat gestolpert werden soll (wie z.B. im Fall Schmökel), wenn der Volkszorn über diese Lernunfähigkeit der Instanzen nicht eskalieren und sich nicht irrational entladen soll, bedarf es einer Einstellungsänderung von Grund auf, bedarf es eines Lernens an der Erfahrung auf dem Boden eines realistischen Menschenbildes.

Dazu gehört die Einsicht, dass sich bei der Vorstellung des von Natur sündlos guten Menschen ein Wunschtraum eingeschlichen hat. Aber die Wirklichkeit hat von der Schwachheit des Menschen auszugehen, von seiner Versuchbarkeit, seiner Fehlbarkeit, seiner Verführbarkeit, von seiner Verstörtheit, ja von der Zerstörbarkeit, besonders von Kinderseelen. Der Mensch ist nun einmal in geschöpfliche Vorgaben eingebunden, die er nicht ungestraft vernachlässigen darf. Er muss lernen, dass er mit seinen Urtrieben. Nahrung, Selbstbehauptung und Sexualität sorgsam und diszipliniert umzugehen hat, wenn ein kultivierter statt ein barbarischer und anarchistischer Status erreichen werden soll.

Diese Prämissen – erwachsen aus realistischer Erfahrung und auf dem Boden des Christentums – müssen neu installiert werden, wenn der Wucherung zur Verwahrlosung Einhalt geboten werden soll.

In Bezug auf den Umgang mit Triebtätern bedeutet das zu erkennen, dass verabsolutierte Umgangsweisen mit der Großmacht Sexualität – besonders an Kindern praktiziert – irreversibles Fehlverhalten auf diesem Sektor produzieren können. Das sexualisierte Kind wird zum Opfer, weil der zu früh geweckte und von der Fortpflanzung abgekoppelte Geschlechtstrieb das Kind hierauf festnagelt. Partiell bleibt der Heranwachsende infantil. Die Möglichkeit, im Erwachsenenalter Zugang zum anderen Geschlecht zu finden, wird ihm durch seine seelischen Verletzungen auf diese Weise verwehrt. Seine sexuellen Bedürfnisse werden stattdessen pervertiert, und zwar in einer gleichen Weise, wie er als Kind beschädigt wurde. Es kommt zu einer Fixierung. So entsteht das Kinderschändertum mit Suchtcharakter. Es ist von dem Zwang zu immer ähnlicher Tat gekennzeichnet. Das Opfer Kind wird zum Wiederholungstäter Mann.

Ist das erst einmal als Gefahr erkannt, müsste der Hauptakzent der Gegenmaßnahmen auf der Prävention beruhen. Und das heißt, die Kinder sollten mit Hilfe der intensivierten Anwendung der Regeln pädagogischer Kunst, die es immerhin schon einmal gab, vor solchen Beschädigungen bewahrt werden, um eine solche Häufung von Sexualstraftaten zu verhindern; denn sonst werden immer neu Sozialminister in Erscheinung treten, die die Resozialisierungsversuche an einem mehrmals rückfälligen Triebtäter zu beschönigen suchen.

Aber selbst wenn das ein Beamter wäre, der sich keinen ideologischen Selbsttäuschungen mehr hingäbe, der sich ernüchtert für Strafverschärfung einsetzen würde, würde er sich angesichts der bald überfüllten Gefängnisse in einer Situation befinden, die der Humorist Wilhelm Busch sarkastisch folgendermaßen gekennzeichnet hat: „Der Gedanke macht ihn blass, wenn er fragt, was kostet das." Schon ganz und gar das lebenslängliche Einsperren so vieler durch falsche Trends hervorgerufener unheilbarer Triebtäter kann nur unbezahlbar werden.

Es muss auf diesem Gebiet also dringend mit einem neuen Verantwortungsbewusstsein versucht werden, die Zahl der Triebtäter zu verringern. Vorbeugen ist Not. Das ist wesentlich besser, als unheilbar gewordene Delinquenten heilen zu wollen.

Aber ehe ein solcher Selbstheilungsprozess von Grund auf greifen kann, muss man sich mit der großen Zahl von irreversiblen Triebtätern als einem hausgemachten Missstand auseinander setzen. Das hieße, dass kein Mensch, der auf dem Boden seines krank gewordenen Triebes Menschen gefoltert und getötet hat, je wieder frei herumlaufen dürfte. Stattdessen sollten diese Erkrankten in gut eingerichteten Institutionen hinter Schloss und Riegel gehalten werden, und zwar so, dass sie vor allem mit Hilfe des Computers konstruktive Dienste leisten würden. Jedenfalls ist das eine Hoffnung, dass mit Hilfe des Computers gewissermaßen durch Heimarbeit die hohen Kosten dieser Einrichtungen erschwinglich gemacht werden könnten.

Echte Humanität heißt allerdings auch, dass niemand das Recht hat, die in dieser Weise gestörten Menschen unmenschlich zu behandeln. Aber das darf nicht mit einer realistischen Einschätzung der grundsätzlichen Wiederholungsgefahr bei solchen Straftaten in einen Topf geworfen werden. Sie sollten deshalb bereits nach einer ersten mörderischen Untat dieser Art als rückfallgefährdet eingestuft werden. Nur auf diese Weise könnten Teufelskreise unmenschlicher Beschädigungen in der Bevölkerung verhindert werden.

Dazu ist aber auch noch eine weitere Einsicht nötig, nämlich dass die Freiheit des Willens im Verhaltensrepertoire des Menschen keine selbstverständliche Mitgift ist. Als Möglichkeit steht sie lediglich zur Verfügung, wenn sich die Seele gesund hat ausformen können. Freiheit des Willens und damit die strafrechtliche Verantwortlichkeit ist bei vielen Sexualsüchtigen gar nicht gegeben. Auch das gehört zur (meist überspielten) Ausweglosigkeit des Gerichts und seiner Gutachter.

De facto dürften diese Menschen deshalb gar nicht bestraft werden. Zu einer wirklich humanen Gesellschaft gehört das Eingeständnis, dass der Mensch der Moderne die Freiheit seines Willens hochmütig überschätzt hat und sie infolgedessen Menschen abfordert, die sie aufgrund ihrer tiefgründigen Gestörtheit nicht haben können.

Auf einer solchen demütigen neuen Nüchternheit nur ließe sich ein Umgang mit kranken Triebtätern aufbauen, der ihnen trotz der Abscheulichkeit ihrer Taten gerecht wird und sie vor sich selbst schützt, statt ihnen Freigang zu gewähren, der sie nur neuen Versuchungen aussetzt. Nur so kann der darauf wartenden Bevölkerung der Schutz zuteil werden, auf den sie in einem Rechtsstaat Anspruch haben sollte.

Diese Einsicht sollte den Impuls zur Folge haben, alles nur Erdenkliche zu tun, um die mittlerweile epidemisch gewordenen Sexualsüchte einzudämmen. Wer die abscheuliche Verbrechensart, die sich immer häufiger darauf aufbaut, wirksam bekämpfen will, muss beim Vorbeugen anfangen. Wir brauchen Besinnung darauf, was Kindern seelischen Schaden zufügt. Wir brauchen eine umfängliche Erziehung der Erzieher – besonders der künftigen Eltern mit Hilfe von Information über die Voraussetzungen zu seelischer Gesundheit im Erwachsenenalter. Das bedeutet aber auch: Der verabsolutierte Sex bedürfte einer neuen Disziplinierung. Die Liberalisierung der Pornographie, die Aufweichung der entsprechenden Paragraphen müssten wieder rückgängig gemacht werden. Pornoringe im Internet müssten mit allen Mitteln verfolgt werden. Fernsehen und Videos müssten von entsprechenden Bildserien gereinigt werden. Der Mensch besitzt einen Nachahmungstrieb, der sich zu schädlichen, zu Seelen zerstörenden Verhaltensweisen missbrauchen lässt. Mit der sensationsgierigen Fehlnutzung der Triebtaten in den Medien, mit reißerischen Schlagzeilen ist es gewiss nicht getan, schon ganz und gar nicht, wenn auf der gleichen Seite, auf der eine Untat präsentiert wird, ein nacktes Girl in entsprechender Pose zum Sex anregt. Das ist eine besonders makabre Schizophrenie unserer Medienwelt. Hier muss der Rotstift der echten Beschützer von Frauen und Kindern ansetzen, wenn wir Hoffnung haben wollen zu gesunden.

Der Pornoboom und seine Folgen

Wie sehr die Pornographie in unserer Zeit zu einem Problem geworden ist, geht bereits aus den Definitionen hervor, die der Große Brockhaus von 1956 und der neue Brockhaus von 2002 verzeichnen. Das alte Lexikon formuliert lapidar: Pornographie seien „unzüchtige Darstellungen in Wort und Bild".[4] Der neue Brockhaus von 2002 hingegen befleißigt sich eines ausführlichen mehrseitigen Textes. Er definiert Pornographie jetzt als „eine Darstellung sexueller Akte schlechthin" und fügt hinzu, dass „bei der ‚modernen' Pornographie die sexuelle Reizwirkung im Vordergrund steht".[5]

Die Veränderung in der Einschätzung der Bedeutung der Pornographie im Lexikonvergleich kennzeichnet bereits, was in diesem Bereich geschehen ist:

Die Pornographie in Deutschland ist seit dem Ende der 60er Jahre enttabuiert worden, und zwar vor allem, seit sie – jedenfalls die sogenannte „einfache Pornogaphie" – 1975 aus dem Strafregister gestrichen worden ist. Seitdem hat sich nämlich in der Bundesrepublik eine umfängliche Pornographie-Industrie entwickeln können. Heute werden nach einer Recherche von Professor Thomas Schirrmacher in zirka 5500 Videotheken zirka 13,2 Millionen Pornovideofilme bereitgehalten. Es gibt danach etwa 80 Produktionsfirmen mit einem geschätzten Jahresumsatz von zirka 75 Millionen Euro und 2500 Beschäftigten. Der Bedarf ist steigend, besonders seit die auch in dieser Hinsicht befreiten Bürger der ehemaligen DDR hier einen rasanten Nachholbedarf bekundeten. Aber selbst die noch verbotene Gewalt- und Kinderpornographie blüht ebenso im nur unzureichend kontrollierbaren Internet wie ebenso – kaum verhüllt – unter dem Ladentisch. Die Zahl der Videos mit Kinderpornographie wird mit 40.000 Konsumenten pro Jahr eingeschätzt. Es ist nötig, solche Zahlen nachdrücklich zur Kenntnis zu nehmen,[6] um der in unserer Öffentlichkeit üblichen Tendenz entgegenzutreten, negative Nachrichten aus diesem Bereich herunterzuspielen bzw. zu leugnen. Die Zunahme des Konsums ist so offensichtlich, dass Beschönigungen auf dem Boden einst falscher Einschätzungen gewiss wenig hilfreich sein können. Die dreißigjährige Liberalisierung der Sexualität, die Entnormung sexuellen Verhaltens, hat – besonders seit 1975, da die einfache Pornographie erlaubt wurde – die Intimräume vor allem mit Hilfe des Fernsehens, und zwar keineswegs nur durch Sendungen nach Mitternacht, aufgesprengt und Pornographisches so nachdrüklich zur Schau gestellt, dass jeder, der nur ein wenig Kenntnis über die männliche Triebstruktur hat, mit einem Boomen von pornographischem Konsum rechnen musste.

Wer aber weiterhin mit Unschuldsmiene fragen möchte: „Ja, warum denn auch nicht?“, übersieht die oft verheerend negativen, ja verbrecherischen Folgen, die anhand einer Fülle von Prozessen mit Triebtätern in den letzten Jahren sichtbar geworden sind. Vom Fach der Kinder- und Jugendpsychotherapie her konnte man diese Folgen bereits am Beginn des Sturms auf die Bastille der bis dahin durch bewährte Eingrenzungen behüteten Sexualität voraussagen, und ich habe sie deshalb ab 1969 unaufhörlich – von den maßgeblichen Instanzen ungehört – publizistisch benannt, weil die Gewissheit über die massiven negativen Auswirkungen mich für die Kinder in die Verantwortung rief.

Denn schließlich starteten wir auf diesem Feld nicht am Nullpunkt. Fast ein Jahrhundert neuer, gezielter Forschung auf dem Sektor Sexualität und ihren Erkrankungsformen lag – von Freud und der mächtig aufblühenden Psychoanalyse angestoßen – 1970 in umfänglichster Zahl in den Universitäten für jeden Studierenden einsehbar bereit. Was eben gerade auf dem Boden einer irregeleiteten Sexualität an Fehlentwicklungen zu entstehen vermag – gerade diesem Feld hatten die Nachfahren Freuds durch ihre neue nachdenkliche Beachtung der Patientenberichte auf der Couch so viel Aufmerksamkeit geschenkt, dass daraus Bibliotheken an Erkenntnis gewachsen waren.[7] Gewiss gab es hier auch einige absurde Schlussfolgerungen und Übertreibungen, wie z.B. in der Orgasmus-Ideologie von Wilhelm Reich, aber besonders gerade die Theorien über die Ursachen von Perversionen hatten sich zu erheblichen Teilen an der Praxis nachprüfen und verifizieren lassen.

Umso erstaunlicher war es, dass die Protagonisten der Kulturrevolution, wie z.B. Daniel Cohn-Bendit und Helmut Kentler, gerade auf dieses Forschungsgut ihre Appelle zur sexuellen Enthemmung vom Säuglingsalter ab glaubten stützen und gleichzeitig die pädagogischen Konsequenzen aus dem psychoanalytischen Erfahrungsmaterial unwiderlegt als veraltet auf den Müll kippen zu dürfen.[8]

Heute aber ist es mehr als dringend notwendig geworden, die schädlichen Folgen der „reizwirkenden Pornographie“ ins Auge zu fassen, um daraus konstruktive Konsequenzen zu entwickeln; denn eins ist gewiss: Mit oberflächlichen Eingrenzungen allein werden wir bestimmt keine gravierenden Veränderungen zum Positiven einleiten können.

Das soll zunächst mit einer Fallschilderung aus der Zeit meiner Gutachtertätigkeit bei norddeutschen Jugendgerichten geschehen.

Ein 16-Jähriger wird dadurch auffällig, dass er sich auf den Radwegen, die aus der Stadt in die Dörfer führen, aufhält und allein radelnden Mädchen seine besondere Aufmerksamkeit schenkt. Oft fährt er ihnen nach, überholt sie, zwingt sie zum

Verlangsamen, um in einem Seitenweg zu verschwinden, wenn sie zu schimpfen beginnen. Dieses monatelange Treiben kommt allerdings erst durch Zeugenaussagen zur Sprache, nachdem der Junge ein Mädchen am Gepäckträger festgehalten, zum Absteigen genötigt und seine Bluse von hinten einzureißen versucht hatte. Das Mädchen war geflohen und hatte den Jungen angezeigt. Und da er weiterhin auf der Pirsch war, wurde er rasch ausfindig gemacht. Ich wurde als Gutachterin bestellt. Nach der Verhandlung wurde ihm die psychotherapeutische Behandlung bei mir zur Auflage gemacht.

Der Junge war als Einzelkind aufgewachsen. Seine Eltern waren beide erwerbstätig. Er war viel allein. Einen Freund hatte er nicht. Im Laufe der Therapie gestand er mir, dass er vor zwei Jahren bei der Suche nach einem Ball unter dem Bett seiner Eltern Pornohefte gefunden habe. Es sei ihm zur Gewohnheit geworden, sie sich ins Bett zu holen, wenn die Eltern nicht daheim gewesen seien. Die Fotos hätten ihn sexuell erregt. Er sei durch sie voll in die Masturbation abgefahren. Allmählich habe er immer öfter dabei daran gedacht, ein Mädchen „umzulegen". Diese Idee habe sich immer mehr in ihm festgesetzt. Schließlich habe er die Hefte auch gar nicht mehr als Anregung gebraucht, sondern sich die Bilder nur vorgestellt und dann während der Masturbation darüber fantasiert. Schließlich habe sich bei ihm eine allgemeine, immer größer werdende Unruhe eingestellt, sodass sich daraus seine Radtouren entwickelt hätten. Er sei dann auch in Videotheken gegangen. Da sei er dann auch an Vergewaltigungsszenen rangekommen. Eigentlich sei er auch jetzt nicht davon ab, das mal so zu machen, wie es auf dem Porno dargestellt gewesen sei, obgleich er doch nun wisse, dass das nicht erlaubt sei. Aber dadurch werde die ganze Sache eigentlich nur noch schlimmer.

Eine ganze Reihe ähnlicher Fälle haben mich Folgendes lehren können:

1. Prävention muss heute vor allem neu in den Mittelpunkt von Gegenmaßnahmen gegen Strafdelikte dieser Art treten; denn sie ist von höchster Bedeutung. Jahrzehntelang wurden bisher pubertäre Übergriffe ähnlicher Art – besonders von norddeutschen Jugendgerichten – gar nicht erst verhandelt, sondern als Kavaliersdelikte abgetan und ad acta gelegt. Die rechtzeitige Möglichkeit zum Eingreifen hat diesen Jungen gerade noch vor einer selbstzerstörerischen Gefängniskarriere bewahren können. Die Therapie eines solchen Jugendlichen muss seine Selbstannahme, Kontaktfindung und angemessene sexuelle Aufklärung zum Ziel haben. Dazu gehört auch die ausdrückliche Anweisung – wie beim Alkoholabhängigen den Alkohol –, den Umgang mit Pornographie radikal zu meiden.

2. Pornographie, keineswegs nur die verbotene Hardcorepornographie allein, ist besonders für viele geschlechtsreife Männer, seltener für Frauen, ein Auslöser zu sexueller Erregung.

3. Der Konsum von Pornographie in Form von Fotos und Videoaufnahmen regt zur Nachahmung des Dargestellten an. Zwar bedarf es dazu der Überwindung einer Hemmschwelle, sodass ein Großteil der Konsumenten darauf verzichtet. Aber selbst dann kann der Pornokonsum im stillen Kämmerlein negative Auswirkungen auf die seelische Befindlichkeit des Konsumenten haben. Die Verabsolutierung des Sex mindert die Fähigkeit zu liebevoller Kommunikation mit einem Menschen vom anderen Geschlecht. Der Mensch erniedrigt sich so zu einer Dominanz grober Triebhaftigkeit.

Aber darüber hinaus ist die häufige Verwendung pornographischen Materials eine Möglichkeit, die Hemmschwelle zur Nachahmung des Gesehenen abzusenken. Dennoch wird gewiss nicht einfach jedermann genötigt, zu einem Nachahmer des Gesehenen zu werden. Innere, seelische Voraussetzungen – hier z.B. die Einsamkeit dieses Jugendlichen – müssen vorbereitend vorhanden sein. Dennoch darf die offensichtliche

„Reizwirkung" der modernen Pornographie, schon ganz und gar nicht angesichts der eskalierenden Situation bei den Sexualstraftaten, nicht heruntergespielt werden; denn viele Triebtäter geben in der Therapie ihren Umgang mit pornographischem Material als Auslöser ihrer Straftaten sogar zu, oder es wird durch beschlagnahmte Videos das verbrecherische Geschehen mehr als offensichtlich.

Die durch Pornographie entstehende Nachahmungsbereitschaft des Gesehenen ist in den USA viel emotionsloser, viel sachlicher bereits erforscht und zugestanden worden. Sie wird besonders von Jerry R. Kirk betont, der maßgeblich am Final Report der Ahorney General's Commission on Pornography[9] von 1986 mitgearbeitet hat, wie überhaupt die Wissenschaftler in den USA auf diesem Sektor wesentlich weiter sind, weil sie im Gegensatz zu uns Deutschen keine Tabuierung der Folgen enttabuierter Sexualität vorgenommen haben. Sie haben es auf diese Weise nicht vermieden, aus den negativen Ergebnissen zu lernen und vernünftige, konstruktive Einstellungen dagegen zu entwickeln. Kürzlich las ich den Bericht des amerikanischen Autors David Wilkerson. Er beschreibt z.B. Folgendes über die Gepflogenheiten der New Yorker Teenager-Banden: „Das Teenager-Bandenleben wurde durch eine Flut von Pornographie genährt. Viele der Jungen zeigten mir Zeichnungen und Fotografien von unnatürlichen Handlungen. Sie erzählten mir, dass sie in ihren Kellerclubhäusern die Nachmittage manchmal damit zubrächten, diese Bilder als Anleitung (für ihren Sex miteinander) zu gebrauchen."[10]

Wilkerson, ein Pfarrer, nahm sein Wissen über diese Cliquen zum Anlass, ein umfängliches Hilfsprogramm für diese in die Verwahrlosung abdriftenden „Messerhelden" zu installieren.

Wie sich jüngst gezeigt hat, gibt es nicht nur in den USA solche Gruppen von Jugendlichen, die sich gemeinsam mit Hilfe von Pornographie sexuell aufheizen, sondern auch in unserer norddeutschen Heidestadt Uelzen. So hat hier ein Lehrer – sehr anerkannt als leitender Mitarbeiter des Kunstvereins – jahrelang einen von ihm dafür abgezweigten Raum dazu benutzt, meist vom Elternhaus vernachlässigte Jugendliche zu veranlassen, sich ihrer Hosen zu entledigen und – von den vorgeführten Pornovideos stimuliert – mutuelle Onanie und homosexuelle Praktiken miteinander zu betreiben, während eine verdeckte Kamera diese Szenen zwecks Erstellung neuer Videos filmte. Es hat Jahre gedauert, bis vor kurzem ein 14-jähriger die Kamera entdeckte und zur Polizei ging. Der Päderast – auch in seiner Privatwohnung hatte er einen Raum, der allein solchen Umtrieben diente – nahm sich nach seiner Bloßstellung und der Beschlagnahme seines umfänglichen Video-Materials das Leben, und Uelzen steht unter Schock. Es ist nämlich nicht abzusehen, wie viele Opferschicksale in dieser erheblichen Schar von Jugendlichen, die jahrgangsmäßig immer neu angeheuert worden waren, sich bereits daraus ergeben haben.[11]

In der Presse wurden kürzlich ähnliche Fälle aus Darmstadt und Halle berichtet. Auch hier waren die Verführer männlicher Kinder und Jugendlicher homosexuelle Jugendbetreuer.

Die Erfahrung lehrt, dass in solchen Fällen häufig schon im Stadium des Ausfantasierens von nachzuahmenden Praktiken, besonders unter Zuhilfenahme von Porno-Videos, der Vorgang Suchtcharakter zu entwickeln beginnt. Und das bedeutet: Die Interessen, die Gedankenwelt werden auf die eingebahnten Praktiken fixiert. Der Spielraum verengt sich. Es kommt zu einer Einschränkung der Gedankenfreiheit. Es entsteht stattdessen ein Impuls nach Wiederholung der anfangs erlebten Lust. Diese aber pflegt sich durch die Gewöhnung abzuschwächen, sodass ein Drang nach stärkerer Dosierung erwacht. Unruhe keimt auf und lässt gezielt auf die Suche nach sexueller Befriedigung in ähnlichem Terrain gehen.

In den vergangenen Jahrzehnten wurden die in dieser Weise Fixierten nun – wie unser Jugendlicher im ersten Fall auch –

in den Sexshops, den Videotheken fündig. In jüngster Zeit hat sich darüber hinaus mit Hilfe des Internets eine breite neue Möglichkeit zu pornographischer Stimulation und zu perversen Kontakten ergeben, wie sich in der Vorgeschichte des Kannibalen von Fulda einmal mehr gezeigt hat. Aber nicht nur bei solchen spektakulären Fällen ist der Ablauf ähnlich, denn schließlich tritt der mittlerweile voll pervertierte, süchtig entartete Antrieb in das Stadium einer eskalierenden Unersättlichkeit ein, der Durchbrüche auch zu kriminellen Taten immer mehr in den Bereich des Möglichen treten lässt.

Thomas Schirrmacher kennzeichnet diesen Verlauf in seiner Untersuchung der Pornographie in Anlehnung an eine Untersuchung von Victor R. Cline von 1994 folgendermaßen:

„1. Stadium: Man kommt von der Pornographie nicht mehr los.
2. Stadium: Der Pornokonsum wird häufiger und umfangreicher.
3. Stadium: Es tritt ein Eskalationseffekt ein, indem auch mit sehr großen Mengen konsumierter Pornographie der gewünschte Erfolg nicht mehr erreicht werden kann.
4. Stadium: Es erfolgt eine zunehmende Abstumpfung und Desensibilisierung gegenüber außergewöhnlichen Darstellungen und Handlungen.
5. Stadium: Es entsteht ein Zwang, das Gesehene zu praktizieren, wobei jedes Mittel recht ist.“[12]

Wenn wir Lebenstragödien von in dieser Weise süchtig gewordenen Menschen ins Auge fassen wollen, um durch präventive Maßnahmen solche immer häufiger werdende Fehlentwicklungen zu verhindern, müssen wir die tiefgreifende negative Charakterveränderung sehen lernen, die durch den Eskalationseffekt bei der durch Ponographie losgetretenen Sexualsucht entsteht. Ein so Getriebener ist in der Tat zwar in der Lage, seine perversen Wünsche als ungut, ja gegebenenfalls als Verbrechen zu erkennen; aber er hat bereits die Möglichkeit eingebüßt, sein Handeln zu steuern. Später in den Strafprozessen wird das, wie bereits im vorigen Kapitel angedeutet, dann für den Richter zu einer Aporie, weil diese Gegebenheit den Sexualtäter mit seiner oft verabscheuungswürdigen Tat als krank kennzeichnet. Dadurch wird es dem Richter schwer, überhaupt noch die Möglichkeit zur Bestrafung des Delinquenten zu haben, ein Umstand, der die psychiatrischen Kliniken mit Patienten im Strafregelvollzug jetzt bereits aus allen Nähten platzen lässt.

Es darf nicht übersehen werden, dass die Abstumpfung, besonders beim langzeitigen Umgang mit harter Pornographie, durch den Eskalationseffekt stufenweise zur Minderung der Hemmschwelle führt, sodass moralische Aspekte bis zum Verschwinden in den Hintergrund gedrängt werden, bis schließlich sogar Abartigstes ausführbar wird: Sodomie, sadistische Tötungsorgien, Nekrophilie, ja neuerdings Kannibalismus in Verbindung mit Satanismus. Es bedarf des Verlustes einer besonders hohen Hemmschwelle, wenn die Möglichkeit zu sexuellen Grausamkeiten an Kindern bis zu ihrer „Entsorgung“ à la Dutroux ins Blickfeld gerät.

Gewiss hat die Nachahmung von Pornographie mit Kindern darüber hinaus auch hier beim einzelnen Täter eine Vorgeschichte. Am Anfang steht oft das Erleben von sexueller Verführung von ihm selbst, von Missbrauch oder Misshandlung in der eigenen Kindheit. Ja, oft zeigt sich hier bereits eine Fehlentwicklung in der zweiten Generation: Der sich unter dem Einfluss von Pornographie an seine eigenen Kinder heranmachende Familienvater, der sexuell frustrierte, einsame Onkel aus der Nachbarschaft, der den Nachbarbuben zum Videogenuss einlädt und ihn unter vielerlei Zuwendung und Zärtlichkeit missbraucht, kann bei diesem Kind das Tor zu pornographischen Praktiken aufmachen, deren es sich ebenfalls zu bedienen sucht, nachdem es erwachsen geworden ist, sodass die böse Saat, die „der gute Onkel" legte, als Sexualsucht des einstigen Opfers aufgeht.

Für sexuell missbrauchte Kinder schließt sich in deren Erwachsenenalter oft der Teufelskreis. Soweit es sich um Mädchen handelt, und das ist bei den Opfern die Mehrzahl, haben sie selten andere als nur zwei Möglichkeiten: Sexualität – oft auch nur berührender Kontakt mit anderen Menschen – wird blockiert, kann nicht mehr gelebt werden. Das als grauenhaft erlebte Geschehen wird verdrängt und führt unbehandelt zu meist chronischen, psychosomatischen (psychoanalytisch ausgedrückt: zu hysterischen) Leiden, manchmal bis zum Ausweichen ins Lesbiertum.

Vor kurzem berichtete mir ein junges Mädchen in einem Brief zum Beispiel Folgendes: „Im Alter von ca. acht Jahren fanden meine Schwester und ich ein Pornoheft auf der Straße. Wir hatten keine blasse Ahnung von diesen Dingen. Wir empfanden diese Darstellung einfach als ekelhaft. (Es waren Bilder, auf denen eine Frau mit zwei Männern Geschlechtsverkehr hatte.) Später ist mir bewusst geworden, dass dieser Fund mich verletzend geprägt hat. Mir ekelt vor dem Gedanken des Geschlechtsverkehrs. Weiterhin ekelt es mich auch schon bei dem Gedanken, dass mich jemand nackt sehen könnte (besonders natürlich ein männliches Wesen). Es ekelt mich ebenfalls vor meinem Intimbereich. Später fanden meine Eltern dieses Heft, sie haben mit uns gesprochen, sie waren nicht aufgebracht; aber das hat meine hier eingebahnten negativen Vorstellungen nicht löschen können." Schon auf diese Weise können also tief greifende seelische Verwundungen entstehen – und wie viel mehr erst bei direkten Eingriffen in den Körper des Kindes!

Allerdings kann auch aufgrund von seelischen Verletzungen durch Pornographie das entgegengesetzte Extrem eintreten: Es kann auch bei Frauen eine süchtige Enthemmung der Sexualität mit Promiskuität, Nyphomanie, Prostitution oder anderen Formen weiblicher Sexualsucht die Folge sein.[13]

Ihr Elend mit Hilfe von Pornographie zu verstärken beziehungsweise in der Manier der Verführer fortzuführen, ist allerdings nicht die Domäne weiblicher Fehlentwicklung. Pornographie als sexuelles Stimulans zu verwenden, ist zu 70 % bisher eine Domäne der Männer geblieben und begünstigt erst recht jene Verbrechen, die sich, meist in Verbindung mit Gewalt, aus dem Umgang mit der sie demoralisierenden Pornographie ergeben.

Ein Letztes muss als Frucht meiner Praxiserfahrung erwähnt werden: Pornographie ist nicht selten der Anlass bei der Störung ehelicher oder partnerschaftlicher Beziehungen. Mit Recht haben die Feministinnen gebranndmarkt, dass Frauen sich meistens missbraucht fühlen, wenn Sexualität mit ihnen nach Pornovorschrift praktiziert wird. Solche Ehen scheitern, weil sich die Frauen mit Recht in ihrer Menschenwürde verletzt fühlen. Paartherapeuten müssen hier oft erfolglos bleiben, wenn sich herausstellt, dass es dem Mann nicht mehr gelingt, von seinen eingewohnten perversen Praktiken zu lassen, während die Frau keine Möglichkeit findet, ihren emotionalen Widerstand gegen diese Art von Eheleben aufzugeben.

Dies alles sollte Anlass dazu sein, die liberalisierte und verabsolutierte Sexualität auf dem Boden der 30-jährigen Erfahrung endlich auf den Prüfstand zu stellen und zu bedenken; denn wer die Sexualität ganz aus ihrem geschöpflichen Zusammenhang reißt und sie zu einer Sache an sich macht, gerät eben nur allzu leicht in Teufels Küche, weil sie zur Sucht zu werden vermag – zu einer besonders hartnäckigen, dann kaum noch wieder reversiblen Abhängigkeit. Das Dilemma mit den oft jahrelang erfolglos therapierten Wiederholungssexualstraftätern hat uns das einsichtig gemacht. Dieses Menetekel haben uns die Rückfalltäter unter den Sexualdelinquenten nachhaltig an die Wand unseres Zeitgeistes geschrieben: Therapiert, therapiert – aber kaum in die Freiheit entlassen, wird eine Straftat in gleicher Manier begangen, obgleich gerade das doch besonders verräterisch ist. Aber eben gerade dadurch erweist sich der Täter als psychisch krank, als ein in typischer Weise Sexualsüchtiger. Und wie grauenhaft erst sind die Schicksale der Opfer und ihrer Angehörigen!

Müsste nicht ein Aufschrei angesichts der Häufung der Fälle durch unsere Bevölkerung gehen? Brauchen wir nicht ein Aufwachen der Menschen über diese Eskalation an Grausamkeit und Schändlichkeit? Muss daraus nicht Einsicht erwachsen? Denn diese Entwicklung macht einsichtig, dass „der mündige Bürger" auf dem Sektor Sexualität (und nicht nur auf diesem) offenbar seine Macht und seine Willenskraft überschätzt hat. Das Fazit ist erbarmungswürdig: Ihrer optimalen Entfaltungsmöglichkeit beraubt, werden Tausende und Abertausende von Menschen heute besonders mit Hilfe der Pornographie in die Falle ihrer Selbstentwürdigung gelockt, die sie nicht mehr entlässt. Sie bedeutet Einschränkung der Willensfreiheit, Selbstwertverlust und Selbsterniedrigung. Vereinsamtes, elendes nicht selten sogar Leben hinter Mauern oder, wie jetzt in Uelzen, Selbstmord können die Folgen sein.

Was wir brauchen, sind also keine Flickenteppiche, sondern nüchternes Lernen an der Erfahrung. Wir brauchen einen wirksamen Kinderschutz, der ein waches, wissendes Verantwortungsgefühl voraussetzt. Wir brauchen eine neue, nüchterne, realistische, sorgfältige Einstellung im Umgang mit dem großmächtigen Lebenstrieb Sexualität. Schon der große Philosoph C. S. Lewis hat uns ins Stammbuch geschrieben: „Die Methoden, den Geschlechtstrieb des Mannes zu neuem Verderben zu verwenden, sind nicht nur sehr erfolgreich (für den Teufel!), sondern (für ihn) auch höchst amüsant, und das dadurch bewirkte Elend ist von sehr dauerhafter und auserlesener Art."[14]

Alle Zeit, alle Bemühung, alles Geld wird vergebens investiert sein, wenn wir nicht endlich den Mut haben, den 30-jährigen Irrweg als Selbstüberschätzung des Menschen zu kennzeichnen und diese Überheblichkeit aus unserem Pelz zu filzen. Wir müssen endlich erneut eine sorgfältige, behutsame Erziehung der Kinder mit einem wirksamen Schutz vor Fehlentwicklungen durch eine sich verantwortungsbewusst disziplinierende Gesellschaft anstreben. Es bedarf dazu der Ächtung von Pornographie auf allen Kanälen, in allen Bereichen unseres öffentlichen Lebens.

Homosexualisierung

Es ist in den vorausgegangenen Kapiteln schon mehrfach angeklungen: In Bezug auf ihre Einstellung zur Homosexualität ist unsere Gesellschaft in eine große Verwirrung geraten.

In diesem Abschnitt sollen deshalb meine Erfahrungen in der Praxis zum Thema Homosexualität und mit der Homosexualisierung in Deutschland von 1966 bis heute in einem chronologischen Bericht dargestellt werden.

In der Zeit zwischen 1960 und 1970 bekam ich viel Gelegenheit, das auf der Universität und während der Zusatzausbildung auf diesem Sektor Gelernte auf seinen Wahrheitsgehalt hin zu prüfen. Die sehr zutreffenden Beschreibungen der Perversionen – besonders durch psychiatrische Wissenschaftler von Bürger-Prinz über J. H. Schultz bis Gebsattel und Zutt, durch Neoanalytiker wie Schwidder und Dührssen – vermittelten mir ein sich in der Praxis bewährendes Rüstzeug. Einhellig wurde die Homosexualität in der Wissenschaft als eine Perversion mit vielfältiger Genese eingeschätzt. Ja, der renommierte Berliner Psychiater J. H. Schultz, der Erfinder des autogenen Trainings, schreibt sogar nachdrücklich bereits 1959: „Es besteht kein Grund, die Homosexualität in irgendeiner Form aus dem Bereich der Perversionen des Liebeslebens herauszustellen, bedeutet sie doch weniger lediglich sexuelle Betätigung am gleichen Geschlecht, sondern wegen der

Unerreichbarkeit des anderen Geschlechts eine Grundstörung menschlichen Liebeslebens, die im Widerspruch zur sinnhaften Gestaltung organismischen Daseins steht."[15]

Und Annemarie Dührssen, die große Protagonistin der Kinderpsychotherapie, fügte damals hinzu: „Vieles spricht dafür, dass bei der überwiegenden Zahl der Homosexuellen die Faktoren, die eine erworbene neurotische Fehlentwicklung provozieren, eine sehr gewichtige Rolle spielen."[16] Und sie betont: „Hemmung und Verdrängung der allgemeinen Gefühlsbezogenheit zum anderen Geschlecht ist immer der erste vorbereitende Schritt für das Auftreten einer neurotischen Perversion. Hemmung und Verdrängung der gegengeschlechtlich gerichteten Sexualimpulse der nächste." Sie lässt aber auch nicht aus, auf eine eventuell „angeborene Weichheit" als Disposition zur Homosexualität hinzuweisen, und sie fährt einschränkend fort: „… dass die bisher vorliegenden Erfahrungen mit ausreichender Sicherheit keinen Entscheid in der einen oder anderen Richtung erlauben."

Immerhin erwirkte die Einschätzung dieser für meine Arbeit maßgeblichen Fachleute bei mir viel fachliche Neugier während des ersten Jahrzehnts meiner Praxistätigkeit. Dabei fand ich bestätigt, dass Kinder, die aus oft nur allzu berechtigtem Grund keine positive Identifikation mit dem Erzieher vom gleichen Geschlecht erreichen konnten, offenbar als Folge davon bereits im Grundschulalter eine eindeutige Identifikation mit ihrem eigenen Geschlecht vermissen ließen. Das unzureichende Vorbild des Vaters für die Buben, der Mutter für die Mädchen ließ die Kinder davor zurückschrecken, so werden zu wollen wie sie. War in solchen Fällen der Erzieher vom Gegengeschlecht sehr viel vorbildlicher, kam es nicht selten zur hartnäckigen Verweigerung der Geschlechtsidentität: „Nein, ich will kein Bub sein, viel lieber ein Mädchen" (und umgekehrt), wobei die Verweigerung der weiblichen Identität bei den Mädchen offenbar auch dadurch angestoßen werden konnte, dass besonders der Vater häufig zum Ausdruck brachte, dass er sich kein Mädchen, sondern einen Jungen gewünscht habe. Eine solche Genese der Fehlidentifikation war und ist bei den Mädchen besonders häufig. Jungen zeigen ihre unzureichende Identität nicht selten dadurch, dass sie sich mit Requisiten der Frauen in der Familie umgeben, z.B. sich parfümieren, heimlich Schmuck der Mutter anlegen oder heimlich mit ihrer Unterwäsche hantieren.

Fehlidentifikationen können aber auch dadurch entstehen, dass die Hauptbezugspersonen des Gegengeschlechts in der Umgebung des Kindes negative Gefühle auslösten, sodass Kindern die Zuneigung zu ihnen oft auf traumatische Weise abhanden kommt, am häufigsten durch die sich dem Jungen unangemessen, oft auch erotisch aufdrängende Mutter, durch den für das Mädchen abstoßenden, sich ihm sexuell nähernden Vater bzw. die männliche Person, die die Vaterrolle vertritt. Bei diesen negativen Akzentsetzungen im Kindesalter lässt sich bilanzieren: In all den eben anvisierten Fällen findet eine normalerweise positive Valenz, die ein gesundes Liebesleben im Erwachsenenalter vorbereitet, nicht oder nur unzureichend statt. Bei einer gesunden Entwicklung festigt sich die Geschlechtsidentität etwa ab dem fünften Lebensjahr nach dem Motto „Wenn ich groß bin, werde ich ein Mann wie Vater und heirate eine Frau wie Mutter“ beim Jungen: „Wenn ich groß bin, werde ich eine Frau wie Mutter und heirate einen Mann wie Vater“ beim Mädchen. Das hat zur Folge: Ist einem Jungen die Identifikation mit dem Vater nicht gelungen, ist er stattdessen mit der Mutter identifiziert, so beginnt er mit der Geschlechtsreife sich nicht für Mädchen zu interessieren, sondern starke Typen des männlichen Geschlechts zu bewundern. Das ist oft dann bereits mit erotischen Empfindungen verknüpft. Ist der Vater nicht nur als schwach und unmännlich erlebt worden, sondern ganz ausgefallen und hat die Mutter sich dem Heranwachsenden erotisch aufgedrängt, so entsteht in dem Jungen aufgrund der sogenannten Inzestschranke eine unüberwindbare Abwehr gegen alles Weibliche. In diesen Fällen wird der unbekannt gebliebene Mann eher mit einem Stück Neugier zum Ersatzobjekt sexueller Triebbefriedigung.

Einige unserer projektiven Tests, z.B. der Rorschach-Test, der Satzergänzungs-Test, der Familie-in-Tieren- und der Sceno-Test, geben nicht selten Aufschluss über Fehlidentifikationen oder negative Valenzen gegen die Bezugspersonen, und so konnte ich feststellen, wie häufig bei meinen kleinen Patienten negative Erfahrungen mit den erwachsenen Bezugspersonen die Ursache ihrer diffusen Symptome waren. Das ließ mich ebenso zu der Erkenntnis kommen, dass – wenn die Schwierigkeit erkannt und durch Beratung bzw. Therapie vorsorglich direkt angegangen worden war – diese Kinder sich zu Erwachsenen mit einem normalen Sexualleben entwickelten. Das bestärkte mich in der Vorstellung, dass die Dührssenschen Thesen von der Dominanz neurotischer oder traumatischer Vorgänge in der Kindheit als Voraussetzung bei der Entstehung von Perversionen und Sexualsüchten im Erwachsenenalter berechtigt seien.

Gleichzeitig machte ich in der Praxis und beim Austausch mit Kollegen aber auch die Erfahrung, dass bei Männern, die Homosexualität bereits kontinuierlich praktizierten, eine Revision durch Psychotherapie nur selten erreicht wurde. Wenn die Homosexualität erst einmal zur eingebahnten Haltung geworden ist – so meine Erfahrung –, ist sie anscheinend ebenso schwer therapierbar wie die Heilung von eingebahnter Triebtäterschaft, ebenso selten wie bei chronischem Alkoholismus, bei chronischer Rauschgift- und Nikotinsucht. Aber auch diese Leiden sind schließlich nicht angeboren! Die verringerte Reversibilität ist, so lautete meine Erfahrung, eine grundsätzliche Schwierigkeit bei allen triebbedingten seelischen Erkrankungen, wenn sie erst einmal eingewöhnt sind. Es scheint hier eine Übereinstimmung zu geben mit anderen Süchten, die auf einem Missbrauch der Lebenstriebe beruhen. Die zwanghafte Getriebenheit in einer immer gleichen Form samt der Therapieresistenz scheint ein Merkmal von Triebstörungen, welcher Art auch immer, zu sein, sodass dadurch ihr Charakter als eine seelische Erkrankung sichtbar wird. Die hochgradige Promiskuität der männlichen Homosexuellen kennzeichnet gerade, was sie vehement verleugnen: dass viele von ihnen an einer seelischen Fehlentwicklung leiden.

Die hartnäckige, wenn auch nicht grundsätzliche Therapieresistenz war nun allerdings dafür wegbereitend, dass sich bereits in den 70er Jahren in der Öffentlichkeit Deutschlands der Irrtum einbahnen konnte, dass, da Homosexualität nur so selten reparabel sei, der Schluss zulässig sei, sie sei angeboren (obgleich es doch auch im körperlichen Bereich jede Menge chronischer Erkrankungen gibt, die kaum oder nicht reparabel sind, ohne dass daraus der Schluß gezogen werden kann, dies sei ein Beweis für ihr Angeborensein).

Ungeachtet der differenzierenden Erfahrungen begann sich auf dem Gebiet der Homosexualität ab den 60er Jahren nun eine Tendenz abzuzeichnen, die von einer angeborenen Veranlagung der Homosexualität ausging, eine Annahme, deren Beweis trotz vielfältiger Bemühungen darum bis heute ohne Beweis blieb.

Die sogenannte „Neue Linke“ machte daraufhin die Erziehung zu einer „polymorph-perversen Sexualität“[17] geradezu zu einem Vehikel der mit dem „Marsch durch die Institutionen“ angestrebten Gesellschaftsveränderung[18]. Ihr Protagonist, der aus der DDR zugereiste Pädagoge Helmut Kentler, untermauerte mit seinem Buch „Sexualerziehung“ 1970 mit scheinwissenschaftlicher Argumentation diese ideologische Tendenz und trat in den folgenden 20 Jahren häufigst in den elektronischen Medien auf, um die „angeborenen“ Homosexuellen von ihrer „Repression durch die bourgeoise Gesellschaft“ zu befreien und ihnen zu den ihnen zustehenden Rechten zu verhelfen.

Das lief z.B. folgendermaßen ab: In einer Nachmittagssendung im Fernsehen antwortete Kentler auf die Frage einer Gesprächsteilnehmerin „Woran erkenne ich, dass mein Junge ein echter Homosexueller ist?“: „Ich meine, es fängt doch so an: Der Junge ist jetzt 13 Jahre alt. Er hat noch immer keine Freundin mit nach Hause gebracht. Er ist 16, noch immer keine Freundin kommt nach Hause. Er ist 18, und nun wird er 19 … und nun, meine ich, sollten die Eltern den Mut haben, mit ihrem Sohn darüber zu sprechen … Denn selbstverständlich ist das ja auch ein Problem für diesen Jungen, dass er noch kein Mädchen hat, denn alle anderen machen es ja mit Mädchen!“

Damals schrieb ich in einem Kommentar dazu: „Ein Pädagoge, der das in die Augen und Ohren von Tausenden fernsehenden Jugendlichen zu sagen wagt, versteht gewiss nichts von den üblichen schwankenden Zweifeln der Jungen in diesem Alter, kennt nicht die alterstypische Not der Frage „Wer bin ich? Bin ich überhaupt ein Mann?“, kennt nicht das tastende Ringen um Selbstfindung, das zur Pubertätszeit dazugehört. Wieviel Erschrecken, wieviel Vertiefung der Unsicherheit wurde wohl durch diese Fehlinformation bei den zuhörenden Jugendlichen ausgelöst?“[19] Denn schließlich machte ich in der Praxis nur allzu oft die Erfahrung, dass in der Pubertät völlig normale Jugendliche gelegentlich unter gleichgeschlechtlichen Personen einen „Schwarm“ haben, in den sie eine Zeitlang verliebt sind. Es handelt sich meist um die „homoerotische Durchgangsphase“ auf dem Weg des jungen Menschen zum heterosexuellen Erwachsenendasein.

In der praktischen psychotherapeutischen Arbeit mit Jugendlichen lässt sich überhaupt die Erfahrung machen, dass das sexuelle Schicksal eines Menschen keineswegs von den Umgangsformen der Eltern mit den Kindern allein, sondern auch sehr von Beeinflussungen abhängig ist, denen die Jugendlichen von außen ausgesetzt sind. Ja, kaum ein anderer Antriebsbereich unterliegt in dieser Phase nun noch einmal einer so komplizierten Skala von Störungsmöglichkeiten wie die Sexualität. Gerade die Heranwachsenden, die in der Prägungsphase der Kindheit keine klare Zuordnung ihrer Strebungen auf gegengeschlechtliche Partner erfahren haben, gehen nur allzu oft in Bezug auf die sexuelle Objektprägung indifferent in die Pubertät. Besonders diejenigen unter ihnen, die keine Anerkennung durch Gleichaltrige erfahren, z.B. weil sie schüchtern, kontaktschwach, kleinwüchsig oder anderweitig körperlich benachteiligt und deswegen in den Gruppen erfolglos sind, neigen zu Verunsicherungen, die in ihnen den Verdacht nähren, sie könnten homosexuell sein. Der erfahrene Spezialist Prof. Gerard van den Aardweg hat in seinen Schriften auf diese Entwicklungen hier einen besonderen Akzent gelegt. Werden solche Jugendlichen jetzt zu perversen Primärerlebnissen verführt, so können sie u.U. unwiderruflich an eine bestimmte ersatzbefriedigende Praktik fixiert bleiben, sodass ihr Schicksal eine lebenserschwerende Wendung erfährt. Das kommt als Neigung zur Homosexualität heute umso häufiger vor, als im Trend der Zeit und der vielfältigen Thematisierung der Homosexualität in der Öffentlichkeit diese als etwas ganz Besonderes, Rühmenswertes, Originelles dargestellt wird. Eigentlich ganz normale, nur ein wenig spät entwickelte Jugendliche können dadurch unversehens in die Homosexualität geraten, denn der Tenor der Ideologisierung, ja, der Indoktrination wurde in der deutschen Öffentlichkeit vom Beginn der 70er Jahre ab eben von der umfänglichst verbreiteten einhelligen Vorstellung geprägt, dass – da sie angeboren sei – Homosexualität genauso normal sei wie Heterosexualität und dass ein humanes Zeitalter die Pflicht und Schuldigkeit habe, diese Art zu leben vom Makel des Unnormalen, der Benachteiligung und Diffamierung zu befreien.

Diese Bemühungen wurden in den folgenden Jahren in der internationalen Öffentlichkeit nachhaltig unisono verstärkt und ausgebaut: 1976 strich die Weltgesundheitsorganisation die Homosexualität aus dem Katalog der seelischen Erkrankungen. Ohne irgendeine wissenschaftliche Erklärung galt die Homosexualität von nun ab als eine „angeborene, normale Spielart menschlicher Sexualität“. Seit der Strafrechtsreform der Bundesrepublik Deutschland von 1976 begann eine erste Aufweichung des § 175: Praktizierte Homosexualität war seitdem nur noch von Erwachsenen mit Jugendlichen und ab 1993 – nach einer erneuten Gesetzesänderung – nur noch mit Kindern strafbar.

Wie befremdlich: Sowohl die umfängliche Universitäts-Bibliothek an wissenschaftlichen Arbeiten zur Homosexualität wie die juristischen Kommentare zum § 175 blieben plötzlich – ohne dass wissenschaftliche Gegenbeweise angetreten worden waren – von jetzt an unberücksichtigt.

Eine ebenso nachhaltig wie geschickt zementierte ideologische Basis kam in Deutschland von der Mitte der 80er Jahre ab zum Zuge und bewirkte einen weiteren Boom der Homosexualisierung. Den Anlaß dazu gab das Auftauchen der tödlichen Geschlechtskrankheit Aids, an der zu 85 % vor allem homosexuelle Männer starben. Zwar erkranken mittlerweile auch Frauen, die sich beim Verkehr mit Bisexuellen oder beim Spritzen von Rauschgift infiziert haben, an Aids; aber dennoch ist laut Statistik des Robert-Koch-Instituts Aids bis heute in Deutschland mehrheitlich eine tödliche Erkrankung der Homosexuellen geblieben. 2001 waren unter den 2000 HIV-Neuinfektionen 40 % homosexuelle Männer.

Aber als das Virus in der Mitte der 80er Jahre entdeckt wurde, antwortete das Bundesgesundheitsministerium darauf nicht etwa mit einer Einbeziehung der neuen tödlichen Epidemie in die in Deutschland vorzüglich ausgebildete Seuchenmedizin, mit der bereits Typhus, Tuberkulose, Pocken und Kinderlähmung besiegt worden waren, sondern es wurde eher mit einer Art Propagierung durch einen unsäglichen Kondomfeldzug, von der damaligen Ministerin Rita Süssmuth (CDU) initiiert, begonnen.

Eine situationsgerechte Aufklärung über die Gefahr, durch homosexuellen Analverkehr an Aids zu erkranken, erfolgte hingegen nicht in dem Maße, wie es nötig gewesen wäre. Stattdessen entstand mit Hilfe von Aufklärungsheften für die Jugend eine intensive Beschönigung der Homosexualität. „Es gibt keine gefährlichen Freunde", heißt es in einer von der Gesundheitsbehörde der Regierung herausgegebenen Schrift, „auch wer Sexualität mit mehreren Menschen gelebt hat, ob männlich oder weiblich, ist kein ‚Gefahrenherd'. Auch Infizierte können sexuell unbeeinträchtigt leben." Unter der Parole „Safer Sex" wurde den jungen Menschen der Bär aufgebunden, es gäbe so etwas wie einen ungefährlichen Analverkehr.

Das ist ein leichtfertiges Versäumnis der entsprechenden Behörden und der Verantwortlichen in Deutschland! Es lässt sich nur durch die Furcht der maßgeblichen Instanzen erklären, dass durch das Auftauchen von Aids der Homosexualisierung Einhalt geboten werden könnte. Das allerdings war bereits seit 1969 nicht erst allein die Intention der Frau Ministerin Süssmuth: Die Homosexualisierung in der Bevölkerung der Industrienationen ist seit 1969 ein Programmpunkt der IPPF (International Planned Parenthood Federation). Sie ist international flächendeckend und in Deutschland mit der Unterorganisation „Pro familia" bestens installiert. Interessanterweise sind diese Verflechtungen kaum jemandem bekannt. Sie werden in den Medien systematisch verschwiegen. Die Vermehrung der Homosexualität gehört – wie der Vizepräsident dieser Vereinigung, Frederik Jaffé, 1969 verlautbarte – mit zu dem Ziel dieser Initiative: der Bekämpfung der Überbevölkerung.[21]

Die Schwulenbewegung begann deshalb ab 1970 in den USA ihren international erfolgreichen Siegeszug.[22] In den Veröffentlichungen und in den nun neu erstellten Aufklärungsheften über Aids für Jugendliche herrscht seitdem paradoxerweise die Tendenz vor, die Homosexualität als der Heterosexualität gleichwertig hervorzuheben und sie geradezu zu umschmeicheln.[23] Es darf nicht übersehen werden, dass an diesen Aufklärungsaktionen die staatlichen Gesundheitsbehörden der BRD (!) mit den millionenfach ausgestreuten Broschüren der Zentralstelle für gesundheitliche Aufklärung zu Köln maßgeblichen Anteil haben und dass, gewiss ohne Wissen über das Ausmaß der Desinformation, sich oft sogar schulische wie auch kirchliche Institutionen mit den Steuergeldern der Bevölkerung daran beteiligen.

Man versucht also trotz Aids an der vor 30 Jahren infiltrierten Ideologie, die sich doch bereits als Irrweg erwiesen hat, weiter festzuhalten. Im Mittelpunkt steht seitdem der intensivierte Versuch, die Jugend an Lebensformen heranzuführen, die zur Verbreitung der tödlichen Seuche beitragen, die sich darüber hinaus, aber auch unabhängig davon bereits als schädlich erwiesen hatten. Es ist eine schmerzliche Erfahrung, dass praktizierte Homosexualität fast immer Suchtcharakter bekommt. Das international bekannte Kinsey-Sexualforschungsinstitut in den USA befragte 574 homosexuelle Männer zu ihren Beziehungen: Nur 3 % der befragten Männer hatten bis dahin in ihrem Leben weniger als zehn Partner gehabt. 75 % der Befragten hatten mindestens 100 Partner gehabt, 43 % mindestens 500 Partner, und 28 % hatten Sexualkontakte zu 1000 und mehr Partnern gehabt.[24]

Durch die massive Beschönigung, ja Hofierung der Homosexualität ist im vergangenen Jahrzehnt in Deutschland eine erhebliche Zunahme der Homosexualität erfolgt; denn der Wahnsinn hat Methode: Homosexualität zu praktizieren, sei ebenso originell wie oppositionell, wird den Jugendlichen verheißen. Man könne diese „Spielart normaler Sexualität“ trotz Aids weiterhin gern leben. Man möge sich dann aber auch tapfer outen ohne Rücksicht auf die kleinbürgerliche Gesellschaft und um ihr auf diese Weise Paroli zu bieten; denn da Homosexualität eine Veranlagung sei, gebe es auf diesem Sektor keinerlei Verführung.

Diese Behauptung ist eine ebenso platte wie wirksame Taktik der Augenwischerei; sie bedeutet geschickte Manipulation der Jugend! Sie hat mit wissenschaftlicher Wahrheit nichts gemein; denn, wie gesagt, in vielen Fällen ist die Verliebtheit in eine Person des gleichen Geschlechts bei Jugendlichen noch keineswegs ein Zeichen von Homosexualität, sondern eine Übergangserscheinung: die sogenannte „homoerotische Phase“. Durch die Verleugnung der Verführung wird den Jugendlichen die Möglichkeit zu einer vorsichtig-kritischen Distanzierung genommen. Deshalb fallen sie viel leichter auf das Anpreisen der Homosexualität herein. Durch diese Desinformation kann besonders erfolgreich Verführung zur Homosexualität geschehen, nicht nur bei den Jungen, sondern immer häufiger auch bei den Mädchen.

Auf diese Weise ist es in den 90er Jahren auch zu einer erstaunlichen Verbreitung des Lesbiertums gekommen. Das hat einerseits etwas damit zu tun, dass Frauen im Allgemeinen eine größere Neugier und damit eine größere Bereitschaft, Neues auszuprobieren, besitzen. Dadurch spielt Modisches bei den Frauen eine große Rolle, und sie sind infolgedessen für geschickte Indoktrination anfälliger als die Männer – eine psychologische Wahrheit, die bereits in der Genesis mit Evas Anfälligkeit für die Schlange dokumentiert ist.

Vorangetrieben aber wurde – außer aus diesen Gründen – das Lesbiertum auch durch den militanten Feminismus, durch das jahrzehntelange Schüren von Feindseligkeit gegen die Männer, durch das oft blinde Kämpfen um die Vormacht der Frauen unter Verteufelung von Mann-Wesenheit schlechthin. Viele Enttäuschungen von Frauen an Männern wurden so künstlich aufgebauscht und in einer gefährlichen Weise verallgemeinert. Die Kennzeichnung des Mannes als „Chauvi", als „Frauen-Unterdrücker und -Bemächtiger" vergällte in der jüngsten Zeit immer mehr Frauen den Traum von beglückender Partnerschaft und lässt mit Hilfe der hochgelobten Homosexualität nicht wenige junge Frauen – manchmal sogar erst nach ihrer Ehescheidung – den Weg in gleichgeschlechtliche Beziehungen einschlagen.

Die starke allgemeine Akzentsetzung des Schwerpunkts auf Anfreundung mit der Homosexualität ist im Tenor der Öffentlichkeit mittlerweile gang und gäbe geworden und gefährdet viele junge Menschen beiderlei Geschlechts, sich für homosexuell zu halten, ohne es wirklich zu sein, und es dann auch damit zu probieren. Künstlich einseitig und falsch informiert, scheint ihnen Homosexualität eine durchaus erstrebenswerte, auf jeden Fall gleichwertige Lebensform wie die Ehe zu sein.

Dazu ein neuerdings nicht mehr seltener Fall aus der Praxis: Ein Elternpaar stellt mir seinen 17-jährigen Sohn vor. Er habe ihm vor kurzem erklärt, dass er schwul sei. Befragt, wie er diesen Eindruck gewonnen habe, erklärt er, dass ihn Mädchen bisher wenig interessiert hätten. Er sei mit vier älteren Schwestern an Weiblichkeit bisher ohnehin reichlich eingedeckt gewesen. Nicht, dass er sich stattdessen in einen Jungen verliebt habe, aber er sei in seiner Freizeit lieber mit Jungen zusammen.

Durch eine Aufklärungsschrift sei er auf die Idee gekommen, dann vielleicht doch „andersrum" zu sein. So habe er bei einer Schwulen-Selbsthilfegruppe angerufen, die in der Zeitung annonciert habe. Man habe ihn eingeladen, und dort habe man ihm seinen Verdacht bestätigt, und er habe dort auch gleich intimen Kontakt mit einem Schwulen gehabt. Diese Gruppe habe ihm gesagt, nun müsse er sich auch „outen". So habe er es zunächst einmal seinen Eltern erzählt. Die seien aus allen Wolken gefallen und hätten ihm nicht geglaubt.

Die psychologische Untersuchung ergab: Es handelte sich um einen völlig normalen, heterosexuell veranlagten Jugendlichen, der lediglich durch allzu viel ihn gängelnde Weiblichkeit noch ein wenig zurückhaltend war mit Annäherungen an das weibliche Geschlecht. Aus solchen gar nicht homosexuellen jungen Männern entsteht später häufig die Gruppe der sogenannten Bisexuellen, die sich abwechselnd homo- und heterosexuellen Kontakten zuwenden, eine Gruppe, die auf diese Weise besonders geeignet ist, die HIV-Infektion in die allgemeine Bevölkerung hineinzutragen und darüber hinaus sexualsüchtig zu werden.

Diese Situation zeigt, wie ganze Institutionen einmal mehr in diesem Jahrhundert einer Manipulation zum Opfer gefallen sind. Durch ein Verbreiten von falschen Vorstellungen wird zurzeit also die Wahrheit bis zum Verschwinden unterdrückt. Denn die Beauftragten der sogenannten „Aids-Hilfe" melden sich in Deutschland auch in Schulen an und verbreiten hier die ihnen selbst infiltrierten Desinformationen.

Anhand der aus der Praxis vorgestellten Fälle lässt sich konstatieren:

1. Ein erheblicher Teil der heutigen jungen Homosexuellen beiderlei Geschlechts ist zu dieser Lebensform durch eine Großkampagne voller Fehlinformationen verleitet worden, die meisten aufgrund nur vorübergehender Pubertätsschwierigkeiten und/oder -enttäuschungen mit dem anderen Geschlecht.
2. Bei einem weiteren Teil liegt eine in der Kindheit fehlgeprägte oder durch exzentrische Gewohnheiten in der Familie unsicher gebliebene Geschlechtsidentität vor. Auch dieses scheint heute zunehmend häufiger vorzukommen. Das hat seinen Grund darin, dass zu den üblichen fehlprägenden Eltern-Kind-Konstellationen nun noch in den vergangenen

20 Jahren Irritationen der Kinder durch die Gleichheitsideologie hinzugetreten sind. Die ideologische Unterbindung der Unterschiedlichkeit in der geschlechtsspezifischen Eigenart von Jungen und Mädchen, durch schulische Koedukation festgeschrieben, hat dazu vermutlich ebenfalls beigetragen. Auch immer mehr in ihrer eigenen geschlechtlichen Identität verunsicherte Eltern lassen die Möglichkeit zu einer klaren Ausrichtung ihrer Kinder verschwimmen; gleichgeschaltete Funktionen von Vätern und Müttern im Familienalltag sowie vermännlichte Mütter und verweiblichte Väter sind unzureichende Vorbilder, um eine eindeutige Geschlechtsidentität bei Söhnen und Töchtern hervorzurufen.

Darüber hinaus wirkte auch der Scheidungsboom in diese Richtung mit. Lebensgefährten von geschiedenen Müttern können den Söhnen oft den Vater nicht ersetzen, weil sie den „Neuen" als Eindringling ablehnen. Chaotische familiäre Zustände in der Kindheit bringen heute außerdem wesentlich häufiger fundamentale Verunsicherungen zustande. Auch der sexuelle Missbrauch an Kindern kann Blockaden in der späteren Zuwendung zum anderen Geschlecht hervorrufen und den Weg in die Homosexualität nahelegen. Die Sirenenklänge der Aufklärer über die so erstrebenswerte Homosexualität entwickeln für so vorgeprägte junge Menschen dann geradezu sogartige Wirkung. In Deutschland werden pro Jahr 160.000 unmündige Kinder zu Scheidungswaisen.

In dieser die Homosexualisierung fördernden Situation ist es nicht verwunderlich, dass nun auch ein Vorstoß vorgenommen wurde, die Homosexualität rechtlich festzuschreiben. In Deutschland wurde deshalb im Jahr 2001 „um der Gerechtigkeit willen" eine gesetzliche Gleichstellung homosexueller Partnerschaft mit der Ehe, das sogenannte „Lebenspartnergesetz", eingeführt. Dazu muss gesagt werden:

Erstens: Es darf nicht übersehen werden, dass es sich hier um einen Durchbruch durch einen durch die deutsche Verfassung festgelegten Rahmen handelt. Alle Gesetze dieser Art standen bisher unter dem Hauptziel, dem allgemeinen Volkswohl zu dienen. Davon aber kann bei der Gleichstellung von Homosexualität mit der Ehe keine Rede sein. Ehe und Familie stehen im deutschen Grundgesetz deshalb unter dem besonderen Schutz des Staates, weil sie durch das Hervorbringen und Erziehen von Kindern einen lebensnotwendigen Dienst für den Fortbestand des Staates erbringen können. Schon allein deshalb sticht das Gerechtigkeitsargument nicht: Hetero- und homosexuelle Ehen können nicht den gleichen Status haben, weil sie in der Gewichtung für die Zukunft des entsprechenden Staates nicht gleich, sondern fundamental verschieden sind. Es wird hier also widerrechtlich etwas gleich behandelt, was in seiner grundsätzlichen Zielsetzung nicht gleich ist.

Zweitens: Die rechtliche Gleichstellung zwischen den beiden Lebensformen verstärkt die ohnehin im Trend liegende Scheu vor der Familienbildung und ihrer Voraussetzung, einer bindenden Eheschließung. Schlechte Kindheitserfahrungen, Bindungsscheu und Mangel an überpersönlichem Verantwortungsgefühl sind häufige Gründe. Dieses Verhalten hat in Deutschland bereits zu einer drastischen Verringerung der Eheschließungen und zu einem existenzbedrohenden Geburtenschwund geführt. Die legalisierte Partnerschaft leistet diesem existentiell bedrohlichen Trend weiter Vorschub. Um die Gefahr abzuwenden, bedürften wir gerade umgekehrt einer ausdrücklichen Unterstützung von normaler Ehe und Familie.

Drittens: Die eheliche Gleichstellung Homosexueller verstärkt die durchgängig verbreitete falsche Vorstellung, dass homosexuelle Partnerschaft eine alternative Lebensform zur Ehe sein könne. Das wird bei jungen Menschen mit einer noch nicht voll ausgereiften Identifikation mit dem eigenen Geschlecht oder auf dem Boden von Misserfolgen im Hinblick auf das andere Geschlecht die Erwägung homosexueller Lebensformen weiter vermehren.

Viertens: Weil die Homosexualität der natürlichen Bestimmung des Menschen nicht entspricht, scheitern die Versuche zu einem ehelichen Zusammenleben in überwiegender Mehrzahl. Homosexuell lebende Menschen (gleich, ob sie aufgrund von Fehlvorstellungen, Verführung oder Fehlprägung in der Kindheit dazu gebracht worden sind) bleiben unruhig Suchende und neigen, weil sie die eigentliche Ursache nicht erkennen, zur Aufnahme immer neuer, meist rasch wechselnder Beziehungen. Das hat die so weit verbreitete Promiskuität vieler Homosexueller zur Folge. Deshalb gibt es so viel Unglück, so viel Mord und Selbstmord bei den Homosexuellen.

Dazu noch das schriftliche Bekenntnis eines jungen Mannes aus der Praxis, der mit Tapferkeit auf dem Weg zur Wahrheit ist: *„Seit meiner Kindheit empfinde ich eine homosexuelle Neigung, die bis heute anhält. Es ist interessant, dass ich mich damit nie wohl gefühlt habe bzw. wohl fühle. Dieses Unwohlsein oder schlechte Gewissen allein dem gesellschaftlichen Druck in Rechnung zu stellen, ist meiner Meinung nach ein Weglaufen vor der eigenen Verantwortung. Es bringt mich beim besten Willen nicht weiter. Die innere Zufriedenheit einer gottgewollten Lebensqualität bleibt aus. Das Einzige, was bleibt, ist eine innere Zerrissenheit und Leere. Wir bleiben auf der Suche und werden immer wieder enttäuscht. Meine Meinung ist: Erst wenn homosexuell Empfindende ihre wahre (von Gott gegebene) Identität finden und sich nach dieser Identität ausstrecken, können sie Befreiung und Heilung ihrer Sexualität von den Fehlprägungen ihrer Kindheit erfahren. Was wir brauchen, ist echte Hilfe und Veränderung unserer krank gewordenen Persönlichkeit statt ewige Toleranz und Outing!“*

Fünftens: Diese Lebensform verbreitet darüber hinaus Geschlechtskrankheiten, vor allem die immer noch irreparable Hepatitis C und die immerhin noch tödliche Viruserkrankung Aids. An Aids sind weltweit bereits 30 Millionen Menschen gestorben, und die Zahl der Angesteckten und damit weitgehend unwissend Ansteckenden ist Legion.

Sechstens: Das berechtigte Postulat nach wohlwollender Toleranz gegenüber homosexuellen Menschen ist in unserer Gesellschaft schon seit langem verwirklicht. Niemand in der BRD kommt heute noch auf die Idee, Homosexuelle zu benachteiligen – eher geschieht das der vollerziehenden Familienmutter! Argumentation dieser Art rennt also offene Türen ein.

Das Mitlaufen der evangelischen Kirche in diesem Strom unter der Scheinmotivation, dieser ach so benachteiligten Minderheit zur Gerechtigkeit zu verhelfen, verstärkt das Unglück. Es bedeutet eine fadenscheinige Anbiederung an den Mainstream und eine Minderung des Privilegs und der Schutzwürdigkeit von Ehe und Familie, wenn sich besonders die nordelbische Kirche mit der Bischöfin Jebsen an der Spitze nun auch noch in vorauseilendem Gehorsam gegenüber dem Staat für die Segnung der homosexuellen Lebenspartnerschaft einsetzt.

Wir dürfen uns nicht darüber täuschen lassen: Die rechtliche Absicherung durch das neue Lebenspartnergesetz ist ein weiterer Brückenkopf, mit dem das natürliche, das gottgewollte Gefüge unserer Gesellschaft zersetzt und damit dem Untergang preisgegeben werden soll.

Die Frage nach Hilfe lässt sich gewiss nicht an dem Streit der Fachleute über die Therapierbarkeit der Homosexualität aufzäumen. Die Therapieresistenz ist erheblich, wenn die süchtigen Gewohnheiten erst einmal voll eingebahnt sind. Therapeutische Erfolge haben erfahrungsgemäß die Voraussetzung, dass – wie in der eben beschriebenen Aussage des jungen Mannes – der Ruf nach Hilfe und Veränderung in dem einzelnen Homosexuellen dominant geworden ist. Ohne eine solche Motivation besteht keine Aussicht auf eine Umorientierung.[25]

Aber dabei allein können verantwortungsbewusste Pädagogen nicht stehen bleiben. Erfolgversprechend ist die Akzentsetzung auf der Prophylaxe, auf der sorgfältigen Beachtung praktizierender Kinderpsychotherapeuten, wenn sie Fehlidentifikationen feststellen. Um diese zu verringern, ist allerdings eine sehr viel stärkere Betonung der Ehe- und Erziehungsberatung nötig – und überhaupt eine Erziehung zur Ehe und Familie mit Hilfe sachgerechter Information. Auch die heute gängigen Vorstellungen über Homosexualität beruhen schließlich auf einem falschen, auf einem ideologischen Menschenbild. Das sexualisierende Klima in den Familien hat hier in den vergangenen Jahrzehnten ebenso viel Schaden angerichtet wie der Verlust des Wissens darum, dass die Kinder auf dem Weg zu einer sicheren Geschlechtsidentität eindeutiger Vorbilder unter den erziehenden Erwachsenen bedürfen. Eltern, die unter dem Anhauch eines ideologischen Menschenbildes ihre Funktionen als Vater und Mutter lediglich als „Rollen" verstehen, die sie nach Belieben miteinander vertauschen, haben weniger Chancen, ihren Kindern eine sichere Geschlechtsidentität zu vermitteln.

Hilfe aus der Homosexualisierung heraus bedarf also zweier Veränderungen: 1. einer unermüdlichen Aufklärung über das Falsche und Verhängnisvolle der gängigen Vorstellungen über die Homosexualität und 2. einer Neukonstituierung der gesunden Familie am besten auf dem Boden eines christlichen Welt- und Menschenbildes; denn es lässt sich an der homosexualisierenden Entwicklung erkennen, dass die Anweisungen der Bibel im Hinblick auf die Homosexualität auf dem Boden realistischer Wahrheit entstanden sind. Sie könnten also auch noch den Menschen heute Orientierung vermitteln. Deshalb empfiehlt die katholiche Kirche zu Recht in einem vom Papst unterzeichneten Lehrschreiben von Kardinal Ratzinger von 1985 Zurückhaltung im Hinblick auf die Ausübung homosexueller Neigungen. Unerschrockene Aufdeckung der Wahrheit ist deshalb in dieser Situation eine Herausforderung besonders auch für die Kirchen.[26]

Schule in der Sackgasse

Lehrerdilemma

Die Universität Potsdam hat es durch Recherchen dingfest gemacht: 90 % der Lehrer scheiden bereits vor ihrer Pensionierung aus dem Schuldienst aus. Sie nehmen Einbußen ihres Ruhegeldes in Kauf, weil sie einfach fertig sind; sie fühlen sich überfordert, „burnt out", gestehen sie resigniert.

Ausgerechnet dieser so schöne Beruf, den mancher wählte, weil ihn die langen Ferien und die freien Nachmittage dazu motivierten, präsentiert eine solche bedenkliche Bilanz. Wie frustriert, wie unglücklich muss ein Pädagoge sein, ehe er durch Frühpensionierung das Handtuch wirft! Was macht die Lehrer psychisch und oft auch physisch so bedenklich krank? Die Begründung dafür ist in der neuen Untersuchung aufgeführt: Unzufriedenheit dominiert. „Man gibt viel und bekommt nichts", heißt es da. Das besagt: Klar, an den Kindern liegt's, am Lärmpegel in zu großen Klassen. Eine allgemeine resignative Stimmung der Erfolglosigkeit hat sich breit gemacht, deren Berechtigung sich mit weiteren Zahlen untermauern lässt: 10 % der Hauptschüler sind für eine Ausbildung gar nicht erst vermittelbar, wenn sie die Schule verlassen; und im internationalen Notendurchschnitt liegen die Deutschen schon seit geraumer Zeit nicht mehr (wie einst!) im oberen Drittel.[1]

Was also ist geschehen, und was müsste geändert werden?

Als Erstes: Pädagogische Bemühung wird zur Sisyphusarbeit, wenn es nicht gelingt, lernbereite Stille in der Klasse zu erreichen. Und diese Voraussetzung ist häufig bereits in der Grundschule und erst recht bei den älteren Jahrgängen der Hauptschule nicht mehr zu erreichen. Der Lehrer heute steht einer zerlärmten Kindergeneration gegenüber. Wodurch sind sie so laut geworden, muss man zunächst also fragen, woher diese viele Unruhe und diese oft geradezu phantastische Disziplinlosigkeit, mit der viele Kinder bereits in ihre Schullaufbahn eintreten? Denn die Phase lernbereiter, auf den Lehrer konzentrierter Aufmerksamkeit der Erstklässler ist leider bald vorüber. Von einzelnen angesteckt, wird die Unruhe in der Klasse bald zu einer enormen Arbeitserschwerung für den Lehrer.

Diese Behinderung pädagogischer Arbeit hat mehrere Gründe die zum Teil bereits im Kapitel über die verführte Jugend aufgeführt worden sind. Sie sollen hier noch einmal kurz zusammengefasst werden. Nicht unerheblich ist die für das Grundschulalter unangemessene Freizeitbeschäftigung daran schuld: Die Kinder sitzen in ihrer Freizeit viel zu viel vor den neuen Apparaturen, z.B. dem Fernsehapparat, dem Videorecorder und neuerdings auch vor dem Computer. Das wirkt sich trotz mancher Wissenserweiterung besonders auf die Knaben ungünstig aus; denn entwicklungspsychologisch befinden sie sich in der Phase der Jäger und Kämpfer. Ihre Muskulatur will entfaltet sein. Werden Grundbedürfnisse dieser Art zu weitgehend vernachlässigt, so fällt es ihnen bei den ihnen unliebsamen Tätigkeiten immer schwerer, still zu sitzen.

Verstärkt wird dieser Unruhefaktor dadurch, dass viele Grundschulkinder heute ein chronisches Schlafdefizit haben. Sie widersetzen sich den elterlichen Bemühungen, rechtzeitig schlafen zu gehen. Sie gehen (oft mit Kopfschmerzen) unausgeschlafen in die Schule. Das verschlechtert ihre Stimmung und macht es ihnen nicht möglich, sich für längere Zeit auf den Unterricht zu konzentrieren und sich nicht ablenken zu lassen.

Ein weiterer Grund für dieses Desaster besteht darin, dass nicht wenige Kinder als Säuglinge nicht in der notwendigen, natürlichen Weise zu ihrem Recht kamen. Angemessene, echt natürliche Pflege und Anregung fand nicht statt. Das macht grundsätzlich unruhig, weil eine instinktive Erwartung der Kinder in diesem ersten Stadium ihres Lebens nicht erfüllt wurde. Die Kinder haben dann das unbestimmte Gefühl, das Richtige nicht zu bekommen, und gehen danach wie getrieben auf die Suche. Was das ist, wissen sie nicht. Es entsteht dadurch eine allgemeine aggressiv-gierige Gestimmtheit in den Kindern, sie neigen zu unsozialem, raffgierigem, egozentrischem Verhalten. Die Lernfähigkeit wird so erheblich gemindert. Die Gewaltbereitschaft nimmt umso mehr zu, je mehr die Eltern auf das immer aggressiver werdende Quengeln der Kinder bereits im Vorschulalter mit verständlicher Wut reagieren, ausrasten und häufig durch Schläge zum unerkannten psychischen nun auch noch einen physischen Schaden hinzufügen. Gewaltbereitschaft ist so programmiert und steigert sich in dem Maß, wie die körperliche Kraft wächst.

Darüber hinaus haben viele Kinder in ihren Familien sie beunruhigende Beeinträchtigungen zu erleben: sich täglich zankende Eltern, deren Ehescheidungen, Alkoholismus und Sucht. Bei manchen ist die feste Struktur des Familienverbandes nicht mehr vorhanden. Sie laufen so nebenher bei Eltern, die keine Zeit für sie haben und mit wechselnden Partnerschaften beschäftigt sind. Selbst bei den intakten Familien wird immer seltener Tischgemeinschaft gepflegt. Immer mehr Kindern fehlt so die ihnen notwendige Geborgenheit. Und das macht sie fundamental unruhig.

Wenn man sich die Fülle dieser negativen Faktoren erst einmal bewusst gemacht hat, wird doppelt einsichtig, dass der Lehrer mit dieser Kindergeneration von Anfang an überfordert sein muss. Und diese Not wird größer, da er auf diese eben beschriebenen Faktoren in seiner Ausbildung selten hinreichend genug vorbereitet wird. Im Gegenteil: Die Pädagogik auf unseren Hochschulen ist seit 30 Jahren ebenfalls vom ideologischen Menschenbild durchsetzt worden, mit dem die Realität der Schule nicht bewältigt werden kann. Mehr oder weniger von antiautoritären Phrasen durchsetzt, ist einem Großteil der Lehramtskandidaten heute in ihrer Ausbildung ein Menschenbild vermittelt worden, das von einer (im Grunde nicht vorhandenen) „Autonomie" des Kindes ausgeht. Diese Ideologie unterbindet eine zwingende Voraussetzung für einen erfolgreichen Unterricht: Dem Bedürfnis der Kinder nach Führung und Orientierung wird nicht hinreichend Rechnung getragen. Das führt zu einer die Lernsituation unterminierenden Anbiederung des Lehrers an die Kinder, die diesen nicht bekommt. Respekt- und Disziplinlosigkeit wuchern geradezu. Aber das wollen die Kinder im Grunde ihres Herzens gar nicht. Was sie im Grunde brauchen, ist Anleitung zu geistiger Anstrengung, die die wilden Schösslinge des sonst wuchernden Ego eindämmt.

Wenn sich die Lehrer dann gar auf dem Boden der Existenzphilosophie als die auch nicht Wissenden, als die grundsätzlich lediglich Fragenden gebärden, so verstärkt sich die Unzufriedenheit in den Kinderseelen, weil ihnen die Ausrichtung am Vorbild des Lehrers unmöglich gemacht wird.

Nichts wäre für unser Schulwesen und die Pädagogik in der Lehrerausbildung nötiger, als auch hier die unrealistische Ideologie, die nicht im mindesten geeignet ist, der so besonders schwierig gewordenen Situation der Schüler gerecht zu werden, zum Teufel zu jagen.

Realistische Pädagogik hat erstens vom natürlichen Uregoismus des Kindes auszugehen, sie hat zweitens damit zu rechnen, dass manche Kinder bereits seelisch beschädigt sind, wenn sie in die Schule kommen, und drittens hat sie darüber hinaus die psychologischen Gesetze der Masse beim Umgang mit der Kinderschar zu beachten. Die Masse trägt ein anderes, ein keineswegs mitmenschliches Gesicht. Sie ist geeignet, die konstruktiven Aspekte des einzelnen Individuums zu verdecken. Die Masse kann sich dem Lehrer gegenüber wie ein mächtiges feindliches Tier gebärden, in welchem die zerstörerischen Aspekte der Kinder die Oberhand gewinnen. Wenn der Pädagoge das nicht von vornherein in Rechnung stellt und gelernt hat, mit der Masse umzugehen, kann er schon nach wenigen Unterrichtsstunden für alle Zeiten verspielt haben.

Auf solche Aspekte der Didaktik und damit auf elementare Voraussetzungen zum Lernerfolg wird (meist aus ideologischen Gründen) in der Lehrerausbildung viel zu wenig eingegangen. Das praktische Rüstzeug für den Lehrer ist dadurch häufig unzureichend.

Ungenügend darauf vorbereitet und eingestellt, was ihn erwartet, ist er nun nicht nur den immer respektloser werdenden Kindern, sondern dazu auch noch den anspruchsvoller werdenden Eltern ausgesetzt, die rigoros den Klageweg einschlagen, wenn es so ausschaut, als würde ihren Kindern der Weg in die Hochleistungsgesellschaft durch eine ungerechte Behandlung oder Benotung verwehrt.

Und in solchen Situationen erlebt der Lehrer recht oft ein weiteres Alleingelassenwerden: Die Behörde gibt ihm keinen Rückhalt, ja, oft kann sie ihm keinen geben, weil die entsprechenden den Lehrer absichernden und beschützenden Verordnungen im Zuge der Bestrebungen nach „Autonomie“ des Kindes längst geschleift worden sind.

Wenn man dieses Geflecht unangemessener Gegebenheiten auf dem Feld der Pädagogik ins Auge fasst, ist es mehr als logisch zu verstehen, warum der Lehrer bald schon müde wird und immer häufiger die Segel bereits vor seiner Pensionierung streicht.

Und auch das Gefälle bei der verfrühten Lehrerresignation wird einsichtig: Am meisten sind die Hauptschullehrer und am wenigsten die Studienräte bei der Frühpensionierung vertreten; denn die Lehrer im Gymnasium haben immerhin noch einige Chancen, Herr der Situation zu bleiben. Hier wird seit einigen Jahren bereits in den 7. und 8. Klassen mit

Hilfe des Zensurensystems rigoros ausgesiebt. Diejenigen Schüler, die bis dahin das schulische Chaos überstanden haben, beginnen in diesem Alter nun zu begreifen, dass es ihre eigene Sache ist, ob sie den Berechtigungsschein Abitur, der ihnen den Weg in die Leistungsgesellschaft hinein erleichtert, schaffen oder nicht. So sinkt etwa von der 9. Klasse ab die Unkonzentriertheit. Bei den nun übrig Gebliebenen beginnt eine lernbereite Situation zu entstehen. Hier ist Pädagogik sogar möglich. Aber selbst diese positiv werdende Situation wird unzureichend genutzt, weil durch die Zerschlagung des Klassenverbandes eine nun endlich möglich werdende, in diesem Alter wichtige Gemeinschaftsbildung verhindert wird und die Jagd nach dem bestmöglichen Notendurchschnitt im Abiturzeugnis eine den Begabungen entsprechende Fächerwahl verhindert und darüber hinaus eine wenig erfreuliche verkrampfte Gestimmtheit herauf beschworen wird. So kann selbst das bessere pädagogische Klima nicht geeignet sein, auf Dauer pädagogischen Elan zu produzieren.

Wir brauchen im 21. Jahrhundert, dem Computerzeitalter, einen totalen Neuanfang in der Pädagogik, der von der Situation des modernen Kindes, von einem realistischen Menschenbild und von den Anforderungen des neuen Zeitalters ausgeht. Die alten Zöpfe gehören schnellstens abgeschafft. Die Eltern brauchten viel mehr Hilfe bei der Vorbereitung der Kinder zu seelischer Gesundheit und Leistungsfähigkeit, und das Schulsystem bedürfte einer Neuorganisation, wenn den Kindern geholfen werden soll, glückliche, durchhaltefähige und lernbereite Erwachsene zu werden.

Eine neue Einheitsschule?

Die Schule gehört also auf den Prüfstand. Seit dem Bekanntwerden der Pisa-Studie und erst recht seit dem Lehrermord von Erfurt hallt diese Forderung durch die Medien.[3] Vielstimmig ist das immerhin ins Bewusstsein geraten: So kann es nicht weitergehen – eine neue, eine bessere Schulform ist gefragt. Die SPD Brandenburg prescht vor und macht einen erstaunlichen Vorschlag: Die neunjährige Einheitsschule sei das Patentrezept, möglichst flächendeckend mit einem erst dann einsetzenden Aufstocken einer zum Abitur berechtigenden gymnasialen Oberstufe. Die sogenannten „Schnellläuferklassen" zum Abitur, mit denen (in Brandenburg erstmalig) bereits nach der vierten Klasse ein Wechsel aufs Gymnasium möglich geworden ist, möchte man hingegen wieder abschaffen.

Noch mehr Einheit also? Haben die vergleichenden Untersuchungen von Gesamtschule und Stufenschule in Nordrhein-Westfalen nicht bereits erwiesen, dass – je mehr Vereinheitlichung des Schulsystems – die Leistungskraft sinkt und die Kosten steigen? Könnten wir aus den negativen Erfahrungen nicht den Schluss ziehen, dass hier einmal mehr die Rechnung ohne den Wirt, und das heißt, ohne das Kind gemacht worden ist?

Es hat sich nun wirklich nicht bewährt, dass man die Kinder in den entscheidenden Entwicklungsjahren für das Lernverhalten in einen Topf wirft und bei den schulischen Maßnahmen den Belangen von Erwachsenen (von Behörden und Politikern) Priorität einräumt. Vorrang von Egoismus, Überorganisation und Ideologie taugen nicht als Sachwalter der Kinder. Schule sollte nicht länger laienhaft von Personen gemacht werden, die nicht primär das Kind, seine Möglichkeiten und seine pädagogische Wirklichkeit im Blick haben. Durch die Schulpolitik der vergangenen Jahre spukt irrtümlicherweise immer noch die falsche Vorstellung, die Kinder durch die vermassende Einheitsschule zu einem annährend gleichen Leistungsniveau zu bringen, also sie „begaben" zu können.

Aber das Kind wird als Individiuum geboren mit vielfältigen unterschiedlichen Begabungen, die sich nicht einfach über einen Kamm scheren lassen. Es verliert die Lust zum Lernen, wenn man nicht durch unterschiedliche Schulformen berücksichtigt, dass es praktisch, sozial, künstlerisch und auch einige abstrakt logisch begabte Kinder gibt. Es taugt nichts, wenn man nach Rasenmähermanier versucht, alle Kinderhirne gleichzuschalten.

Geht es erst recht der rot-roten Regierung in Berlin um eine verstärkte Realisierung dieser Ideologie via Schulvereinheitlichung? Das muss auch anhand des neu aufbrandenden Kulturkampfes dort gefragt werden; denn hier soll den 120 evangelischen und katholischen Privatschulen der Zuschuss dergestalt gemindert werden, dass die freien Schulträger künftig mehr als 40 % der Kosten selbst aufzubringen haben, und das, obgleich jeder der 16.000 Berliner Privatschüler für Berlin ca. 2300 Euro pro Jahr billiger ist als ein Schüler auf einer staatlichen Schule.

Diese Maßnahme lässt ebenso wie der Ruf nach der brandenburgischen Einheitsschule auf ideologische Borniertheit schließen; denn eine Vielzahl verantwortungsbewusster Berliner Eltern hat längst erkannt, dass in den privaten Schulen eine Pädagogik Vorrang hat, die ihrem Kind bekömmlich ist: Sie beruht auf Vertrauen und auf persönlicher Zuwendung. Und das ist nun einmal die Basis zum Erhalt der Leistungsmotivation. Die Nachfrage ist deshalb auf diesen Schulen höher, als Schulplätze vorhanden sind.

Der Exschulsenator Christoph Stölzl (CDU) kommentiert die neue Ausrichtung im Berliner und Brandenburger Schulklima mit den Worten: „Es ist ein ideologischer Angriff. Es geht nicht ums Sparen. Die SPD ist auf dem klassenkämpferischen Trip.“

In der Tat: Wer Schule verbessern will, sollte begreifen, dass auf diese Weise weder Gerechtigkeit noch langfristig wirtschaftliche Gedeihlichkeit erwachsen können. Hat nicht endlich der 70-jährige Kommunismus der Sowjetunion gezeigt, wie das Endresultat grober, staatlich verordneter Vereinheitlichung aussieht?

Wenn man schon die Eltern nötigt, ihre Kinder einer staatlich verordneten Beschulung auszuliefern, sollte sich der Staat zumindest verpflichten, ihre Seele, ihren Geist und die den Kindern innewohnende Lernbereitschaft nicht zu verderben. Echte Förderung geschieht laut Erfahrung am ehesten in Schulsystemen, in denen ein eindeutiges Wertesystem geistige Basis ist, die unterschiedliche Wesenheit und Begabung der Kinder Beachtung und Anleitung erfahren und in denen eine natürliche Hierarchie gelebt wird.

Warum z.B. sollen Kinder, die bereits im Grundschulalter eine hohe Leistungsbereitschaft, ein hervorragendes Gedächtnis und Lernfreude gezeigt haben, nicht ihre Hochbegabung mit Hilfe einer „Schnellläuferkarriere“ durch ihre Schulzeit hindurch nutzen können? Ist es vorstellbar, dass der Geist des Neides das Motiv für die Abschaffung dieser Möglichkeit sein könnte? Sollte man sich dann nicht klar machen, dass Neid als Grundlage eines schulischen Maßnahmenkatalogs niemals zur Gerechtigkeit führen kann und allemal kontraproduktiv ist – schon ganz und gar, wenn es dabei um das Gedeihen oder den Niedergang der Gesellschaft geht?

In den Zwergschulen der Dörfer hat man ein höheres Leistungsniveau erreicht als in den zentralisierten Massengroßschulen, in die man die Kinder in Schulbussen mit oft langen, Kräfte verschleißenden Schulwegen transportiert. Diese Misere hat ihren Grund vor allem darin, und das hat bereits Goethe gewusst, dass der Mensch mit Lust nur von dem lernt, den er liebt. Den also muss das Kind kennen dürfen, der muss Gelegenheit haben, das einzelne Kind zu kennen, mit Hilfe seiner Hellhörigkeit zu erfassen und durch sein Vorbildsein zum Lernen anzuregen.

Wie soll der Lehrer das können bei Großklassen als fluktuierende Fachinstanz in aufgesprengten Klassenverbänden mit dauernd wechselnden Räumlichkeiten? Eine Bedingung, um Lernneugier zu erhalten und zu steigern, besteht in Beheimatung des Grundschulkindes durch Konstanz der Umgebung und Konstanz der lehrenden Bezugspersonen.

Eine Pädagogik, die ihre Verfahren nicht auf den natürlichen Voraussetzungen der Spezies Mensch aufbaut, die sich etwas ausdenkt, statt vorher gründlich zu beobachten, kann keinen Erfolg haben. Der Mensch lässt sich langfristig nicht (jedenfalls gewiss nicht zum Segen des Ganzen) zu einem Dressurobjekt verformen. (Die Japaner haben diese Erfahrung noch vor sich.) Es ist eine Fehlvorstellung, zu meinen, das absolut vereinheitlichte Schulangebot könnte den Schülern Chancengleichheit vermitteln.

Die ideologisierte Schule in Deutschland vernachlässigt bereits jetzt fast gewaltsam die notwendigen Voraussetzungen zum allgemeinen Erfolg. Soll der Misserfolg durch die neunjährige Einheitsschule festgeschrieben werden?

Es stellt sich viel eher die Frage: Wie viele Genies bleiben in diesem Schulsystem unentdeckt oder gehen gar im Massenpferch im Ansatz zugrunde? Denn bekanntlich wachsen nur allzu oft Hochsensibilität und Hochintelligenz auf einem Holz.

Schulkinder sind keine Einheitsware. Wer sie dazu mit deutscher Gründlichkeit zu machen sucht, kann es zu nichts anderem bringen als zu viel Unglücklichsein im Einzelschiksal, zum Ausbruch von Hass und Rache auch, wie Erfurt bewies, und gewiss zu einem weiteren Dümpeln als Schlusslicht in der Weltkonkurrenz.

Ganztagsschulen – flächendeckend?

Alle in einen Topf! Steht diese veraltete Devise hinter den neuen Vorschlägen, flächendeckend in Niedersachsen und Nordrhein-Westfalen Ganztagsschulen einzurichten? Ist der Schoß, aus dem die Schimäre „Gleichheitswahn" kroch, einmal mehr hier fruchtbar?

Der Gleichheitswahn ist eine Erkrankung, die allerdings nicht erst heute virulent ist, sondern die in der Geschichte schon häufig epidemisch war. Erscheinungsbild, Verlauf und Verursachung des Gleichheitswahns lassen sich wie andere geistige Erkrankungen beschreiben:

Der vom Gleichheitswahn Befallene nimmt an, dass die Verschiedenheit der Menschen lediglich durch Unterdrükkung entstanden sei. Da er an einer irrealen Selbstüberschätzung seiner Möglichkeiten leidet, folgert er, dass sich das Paradies auf Erden von Menschenhand schaffen ließe, wenn alle Menschen gleich wären und gleich wenig Besitz hätten.

Diese Vorstellung veranlasst ihn, wenn er politisch zur Macht gelangt ist, die sogenannten „Besitzenden" zu beseitigen, neue private Vermögensbildung zu unterbinden und die junge Generation absolut einheitlich, das heißt, im Kollektiv zu erziehen, um zu verhindern, dass sich charakterliche Unterschiede, z.B. Fleiß bei den einen oder Faulheit bei den anderen, entwickeln.

Die Aufrechterhaltung der Besitzlosigkeit hat eine strenge Kontrolle des individuellen Lebens zur Folge, führt mithin zum Verlust der persönlichen Freiheit des Einzelnen und des möglichen Wohlstandes der Gesellschaft. Ein Staat, dessen Grundlage der Gleichheitswahn ist, wird deshalb meist Polizeistaat, in dem individuelle Menschenrechte keine Geltung haben. Nur die Machtinhaber selber avancieren zu einem ungleich hohen Lebensstandard.

Goethe reimte sarkastisch: „Gleich zu sein unter Gleichen, / das lässt sich schwer erreichen: / Du müsstest ohne Verdrießen, / wie der Schlechteste zu sein dich entschließen." Psychisch entwickelt sich der Gleichheitswahn auf dem Boden des Neides. Neid als Charaktereigenschaft ist keineswegs abhängig von der Höhe des materiellen Besitzstandes. In ihrer Kindheit vernachlässigte, zu kurz gekommene Menschen können sich häufig auch als Erwachsene nicht vom Neid frei machen, selbst wenn sie Milliardäre geworden sind. Wer seinen Neid nicht im Griff hat, will deshalb meist nur in ideologischem Selbstbetrug den Besitz der Reichen wirklich den Armen geben. Im Grunde möchte er ihn selbst haben, ihn zu sich selbst hin „umverteilen".

Neid, Habgier und Allmachtsvorstellungen haben sich in der Geschichte immer dann zu einer den Gleichheitswahn auslösenden Wucherung gesteigert, wenn der Glaube seine lebendige Kraft einzubüßen begann. Die Verseuchung mit atheistischen Geistesströmungen vermehrte den Missbrauch äußerer Macht und weckte, mit dem Gleichheitswahn als Anstoß, revolutionäre Impulse. So lässt Dostojewski in seinem Roman „Die Brüder Karamasow" den Freidenker Ratikin zu Dimitrij Karamasow sagen, Gott sei „nur eine künstliche Idee in der Menschheit." Doch dieser empört sich mit Recht: „Was ist der Mensch ohne Gott und ohne zukünftiges Leben? das heißt dann doch, dass alles erlaubt ist, dann kann man ja alles machen."[4]

Die Therapie gegen die atheistische Gleichheitsutopie kann dementsprechend nur in der Wiedergewinnung eines wirklichkeitsgerechten christlichen Menschenbildes bestehen. Es muss erkannt werden, dass der Missbrauch von Macht nicht dadurch beseitigt wird, dass man die Elite köpft. Das muss vielmehr als Versuchung sui generis bekämpft werden. Das ist der Sinn von liberaler Demokratie.

Mehr Gerechtigkeit wird nicht durch selbstgebastelte Gleichheit befördert. Die Bibel macht zu diesem Problem viel realistischere Aussagen. Der Mensch ist keine Einheitsware, er ist Person: sich individuell, unverwechselbar, einmalig entfaltendes Geschöpf Gottes. Durch Vergleiche kann der Mensch sein Maß nicht finden.

Das lässt sich auf erziehungswissenschaftliche Erkenntnisse übertragen: Kultusminister schaden den ihnen anheim gegebenen Schülern, wenn sie sie alle in eine Einheitsgroßschule pressen. Letztlich heißt die Therapie: Achtung, Respekt und sorgsame Behutsamkeit gegen Menschen, die uns zwar anvertraut sind, aber niemals unsere Besitzobjekte sein dürfen, und Beachtung ihrer Verschiedenartigkeit.

Verwirklichtes Christentum mit dem Postulat der Liebe für den Nächsten vermag deshalb Machtanmaßung und materialistischer Habgier Zügel anzulegen. Dies klar zu verdeutlichen, ist die einzig wirksame Therapie gegen den suizidalen Gleichheitswahn, der die Schöpfung und den Menschen, ohne dass er das zunächst merkt, zu zerstören vermag. Deshalb sollte Beschulung am Nachmittag allenfalls unbeaufsichtigten Kindern angeboten werden. Der Einheitstopf leistet der Entmachtung elterlicher Verantwortung Vorschub.

Studentenmisere

Vertieft man sich in die oft schweren Versagensängste von Studenten in unserem Land, kann man sich des Eindrucks nicht erwehren, dass auch hier viele der Probleme den Studierenden von außen künstlich aufgelastet wurden; denn bereits während der ersten Semester beginnt sich vor den jungen Menschen angesichts des zu lernenden Stoffes für das Vordiplom ein Ungetüm von kaum einprägbarer Quantität aufzutürmen.

Das Sieb des Vordiploms – ganz gleich, ob des Physikums in der Medizin, im Ingenieurswesen, in den Naturwissenschaften oder neuerdings sogar in der Jurisprudenz – nötigt 50 % bis 80 % der Studierenden, meist nach sich lang hindehnenden vergeblichen Versuchen, zum Aufgeben.

Das ist zum Teil die Folge des abgesunkenen Leistungsniveaus unserer Gymnasien, ist auch hier Folge der unseligen

Gleichheitsideologie, die sich dem Hochmut verschrieben hatte, jedermann zum Hochschulstudium zu „begaben“. Aber es hat nun einmal nur ein kleiner Teil der Menschen vorrangig eine Begabung zum abstrakt-logischen Denken in theoretischen Strukturen, wie sie ursprünglich für die Ausbildung zum „Gelehrten“ nötig war. Die meisten der Begabungen sind eher in großer Vielfalt praktischer Natur. Denen allen die Universität als ihren speziellen Weg zum Glück, als die erstrebenswerte Via regia (hauptsächlich zum höchsten gesellschaftlichen Prestige) vorzugaukeln, bedeutet deshalb für einen erheblichen Teil junger Menschen Irreführung. Und abgesehen davon geht das Spezifikum der Universität durch die Fakultätenschwemme immer mehr verloren.

Eine menschliche, pädagogisch realistische Bildungspolitik müsste auf der Verschiedenheit der Begabungen (und ihrer grundsätzlichen Gleichwertigkeit) ansetzen. Qualifizierte Ausbildung hauptsächlich über die Einbahnstraße Abitur und Studium wird viel zu langwierig und viel zu teuer – von den psychischen Folgen durch entmutigte Studienabbrecher ganz abgesehen. Es ist deshalb dringend an der Zeit, dieser unrealistischen Bildungspolitik Valet zu sagen. Der Ausleseprozess darf nicht erst auf der Universität erfolgen, sondern muss in der Schulzeit der Kinder unter sorgsamer Beachtung ihrer Begabungsschwerpunkte ansetzen.

Die ausgesiebten Studenten finden zwar zu einem erheblichen Teil über Fachschulen Ausbildungswege, die ihren spezifischen Begabungen besser gerecht werden. Aber schwer fällt es ins Gewicht, dass nicht wenige von ihnen das Erleben ihres Versagens nicht überwinden. Manche sinken oft langfristig in eine demotivierte Depression mit viel suizidaler Neigung und belasten darüber hinaus oft chronisch Krankenkassen und Sozialhilfe.

Aber dann ist da immerhin das Potential jener Studenten, deren Begabung dem Anspruch der Universität an sich durchaus entspricht, die in relativ guten Schulen und in sorgsamen Elternhäusern gelernt haben, konzentriert zu arbeiten, und die ein ihren Begabungen angemessenes Studienfach gewählt haben. Aber selbst für diese bedeuten die Zertifikate, die ihnen die Weihen der höheren Semester erschließen, eine keineswegs selbstverständlich einnehmbare Hürde. Die Potenziale der Naturwissenschaften sind in den vergangenen Jahrzehnten zu einer unüberschaubaren Quantität angewachsen. Immer mehr klafft deshalb die Schere zwischen dem Prüfungsquantum und dem gedächtnismäßig Fassbaren auseinander; denn schließlich hat nicht jeder das Gedächtnis eines Einstein, wohl aber das Zeug zu echter Elitebildung. Das Prüfungsquantum erzeugt einen oft mehrere Semester andauernden Stress, vor allem, wenn Teilbereiche nicht bestanden und mehrere Male wiederholt werden müssen. Denn die Fülle des Stoffes bewirkt, dass es nicht auf den Fleiß allein ankommt, sondern ob man bei den Prüfungen Glück oder Pech hat.

Es erhebt sich die Frage, ob sich geistige Elite auf dem Boden eines sich so lang hindehnenden Leistungsdrucks, unter so viel Kraft- und Zeitverschleiß überhaupt erreichen lässt. Und wen kümmert eigentlich die Unmenschlichkeit eines solchen Umgangs mit den karg gewordenen, wertvollsten Ressourcen unserer Zukunft?

Unser Bildungssystem ist unmenschlich geworden, weil es sein Objekt, das Kind bzw. den auszubildenden jungen Menschen, nicht als Priorität in Rechnung stellt. Egoistische und ideologische Interessen beherrschen stattdessen das Feld. Es ist deshalb gewiss kein Wunder, dass die Erfolge – schon ganz und gar Spitzenerfolge – ausbleiben. Eine nüchterne, realistische Reform ist deshalb mehr als dringlich angezeigt.

Grundlagen einer konstruktiven Veränderung

Erziehen mit Gott

Im Matthäus- und im Markus-Evangelium wird berichtet, wie Christus ein Mädchen heilt, in das ein böser Geist gefahren war. Die Mutter des Mädchens, eine Syrophönizierin, das heißt also, für die Juden eine Fremde und eine Heidin, hatte Christus, der sich von dem nicht zu bewältigenden Ansturm der um Hilfe und Heilung Bettelnden zurückgezogen hatte, dennoch aufgespürt und ihn angefleht, ihrer Tochter zu helfen.

Christus ist nicht im mindesten freundlich zu der Frau. Er empfindet ihre Zudringlichkeit berechtigterweise wohl als anmaßend. Er antwortet ihr mit einem Gleichnis, das für sie wenig schmeichelhaft ist. Er sagt: „Lasst zuerst die Kinder satt werden; denn es ist nicht recht, das Brot den Kindern wegzunehmen und den Hunden vorzuwerfen." Und gemeint sind hier die Kinder Israels, die Heiden werden hingegen mit Hunden gleichgesetzt.

Die Mutter des Mädchens empört sich nun nicht wegen würdeloser Behandlung, sondern sie nimmt diese ihr zugewiesene hündische Rolle an und erwidert: „Ja, du hast recht, Herr! Aber auch für die Hunde unter dem Tisch fällt etwas von dem Brot ab, das die Kinder essen." (Mk 7, 27–28) Mit diesen Worten verwandelt die Frau die harsche Abweisung von Christus schlagartig in absolute Zuwendung. Er verheißt der Frau, dass ihre Tochter gesund sein wird, und so geschieht es. Als sie heimkehrt, findet sie eine gesundete Tochter vor. Der böse Geist ist von ihr gewichen.[1]

Diese Geschichte beweist etwas, was auch für uns Heutige noch Gültigkeit hat, nämlich dass es einige Vorbedingungen gibt, unter denen Gott seine Wunder der Heilung an uns tun kann:

1. die drängende, unermüdliche Zuwendung zu ihm, gewissermaßen das bettelnde, bittende Hinter-ihm-her-Sein und Hinter-ihm-her-Laufen;
2. das unerschütterliche Festhalten an dem Wissen, dass durch Gott und Christus die Änderung der qualvollen Situation daheim ausgehen kann, also der Glaube an die von dort herkommende Allmacht des Heils und der Heilung;
3. das allen Anstand, alle Spielregeln durchbrechende, Schimpf und Schande riskierende Bemühen um Heilung für unseren Nächsten aus Liebe zu ihm;
4. die absolute Demütigung vor Gott, nicht in Scheinheiligkeit, sondern in der ehrlich gemeinten Einsicht, nicht mehr Gaben zu verdienen als ein Hund, der unter dem Tisch das Heruntergefallene aufliest.

Das Christuswort „Lasst doch zuvor die Kinder satt werden“, gewissermaßen ehe die Hunde an der Reihe sind, das gilt gewiss nicht für die Vorrangigkeit der Juden vor den Griechen allein, sondern auch für viele unserer Kinder heute. Es wäre so nötig, dass sie erst einmal satt werden durch Christus, d.h. liebessatt werden, bevor uns selbst, den Hunden, also den Erwachsenen, etwas davon zusteht. Die Hunde, damit sind genau jene Menschen gemeint, die ihre Kinder ohne den Gott der Liebe erziehen und meinen, eine demütige Anbetung, wie diese Frau sie vollzog, in unserer modernen Welt nicht mehr nötig zu haben.

Es erscheint heute vielen Eltern wirklich wie ein böser Geist, was in ihre Söhne und Töchter gefahren ist: so viel Hass, Verweigerung, Ablehnung gibt es bei ihnen. Wir dünken uns zwar heute als Fachleute darüber erhaben, vom „Einfahren und Ausfahren eines bösen Geistes“ zu sprechen; wir haben nun andere, eindrucksvollere Bezeichnungen; wir sprechen von seelischer Verwahrlosung, von Hyperaggressivität, von Aggressionsstau, von Schizoidie und Psychopathie, von

Borderline-Fällen und was auch immer für feine, fremd klingende Worte mehr.

Aber zu Hause, im Umgang mit den Jugendlichen ist es immer noch so, wie die griechische Mutter es Christus schilderte: Es erscheint wirklich so auch manchen von ihnen selbst, als sei ein böser Geist in die doch früher einmal lenkbaren Kinder gefahren. Sie sind aufsässig und unansprechbar, aggressiv oder gläsern starr, sie schädigen sich mit Hasch, Alkohol, Nikotin und Sex, sie kommen nach dunklen Raubzügen unansprechbar, mit wildem Blick heim, sie weigern sich, Schulen und Ausbildungsinstitutionen zu besuchen, oder sie verweigern die Nahrungsaufnahme, die Kontaktnahme zur Umwelt – oder sie sind einfach nur scheußlich: respektlos, verdreckt, undankbar, ekelhaft, grauenerregend. Es gibt keinen treffenderen Ausdruck dafür, als dass in diese jungen Menschen ein böser Geist gefahren ist – damals wie heute. Und viele Mütter und Väter erleben solche Situationen mit ihren Kindern schlimmer als Folter und Aussatz, wenn sie auch nach draußen häufig noch vorgeben, es sei in ihrer Familie alles in Ordnung.

Wir dürfen uns da auch nichts vormachen. Dieser Geist ist bereits in eine erhebliche Zahl von Jugendlichen gefahren, wenn auch, Gott sei Dank, sicher noch nicht in die Mehrheit; es gibt auch noch viele wunderbar heile junge Menschen; aber doch in so viele, dass daraus eine große Gefahr für unser aller Zukunft entstanden ist. Die schweren Gewalttätigkeiten in unserem Land sind dafür ein deutlicher Beweis.[2] Aber dass dieser Geist der Zerstörung, der Aggressivität darauf beruht, dass unsere Zeit vergaß, hinter Gott herzulaufen wie jene Griechin, das lässt sich mit Hilfe modernen Fachwissens über das Wesen seelischer Erkrankungen beweisen.

Freilich: Das Tragische an unserer Situation ist, dass es sich dabei vielfältig um kollektives Schicksal, um ein „Mitgefangen, Mitgehangen“ handelt. Ein gottloser Zeitgeist war es, der bewirkt hat, dass soviel Krankes und Zerstörerisches bei uns Einlass finden konnte. Dieser Zeitgeist maßt sich an, sich bei der Pflege und Erziehung der Kinder um ein Fragen nach Gottes Willen nicht mehr kümmern, ihn als Maßstab nicht mehr ernst nehmen zu brauchen.

Eine der verursachenden Hauptsünden dieses Zeitgeistes bestand zunächst darin, den jungen Müttern vorzugaukeln, dass unsere moderne Zeit viele neue, bessere Ratschläge und Erfindungen parat habe, um sich die schwere, so angebundene Pflege der Säuglinge und Kleinkinder zu erleichtern. Man könne es auch anders machen, als die Natur es vorschreibe, so wurde den lernbereiten Müttern gesagt. Und warum sollen wir so dumm sein, es uns nicht leichter zu machen und anzunehmen, was Männer für uns erfinden? Wie segensreich sind für uns all die guten Erfindungen – vom Staubsauger bis zur Waschmaschine!

Es war für die Frauen kaum möglich, eine Teufelsklaue darin zu entdecken, als man ihnen sagte, sie könnten z.B. ihre Kinder auch mit dem Fläschchen großziehen, sie könnten sie nämlich dann auch bei den Großmüttern, in Kinderkrippen und bei Tagesmüttern abgeben. Sie könnten dann vielleicht sogar weiter berufstätig sein, obgleich sie zu Hause ein Baby hätten. Und sie sollten es nur fleißig schreien lassen, dann würden die Kinder binnen kurzem lieb und brav und ließen sich alles gefallen. Nein, es sei nicht nötig, dass sich die Mütter selbst so viel um die Kinder kümmerten: das sei, so sagten auch die maßgeblichen Regierenden, einer modernen Frau heute nicht mehr zuzumuten.

Ich bin davon überzeugt, dass Gott den Müttern verzeihen wird, dass sie nicht erkannten, dass darin bereits eine massive Verweigerung, eine Emanzipation nicht von den Männern, sondern eine Emanzipation von Gott steckte. Denn wenn man hinhorcht, fordert die Liebe etwas anderes von uns: Für dieses hilflose Neugeborene, das in unserem Leib herangewachsen ist, stellt Gott durch unseren Leib Nahrung zur Verfügung. Das Kind schreit; das ist seine einzige Möglichkeit, der Mutter zu verdeutlichen, dass es jetzt diese Nahrung haben muss, und die Mutter hat die Aufgabe, das Kind an die Brust zu legen, und zwar immer dann, wenn es schreit. Wir haben nicht nur bei den Schwarzen in Zentralafrika, sondern nun auch wieder mit einer großen Zahl moderner Frauen heute die Erfahrung gemacht, dass sie alle – alle, 99,9 %! – ihre Kinder voll stillen könnten, und zwar so lange sie wollen, wenn sie nur gehorsam dieser von Gott so und nicht anders geschaffenen Spielregel nachkämen.

Wie sehr entspricht das der Geschichte aus dem Neuen Testament! Auf zweierlei kommt es an: auf den Gehorsam gegen Gottes Willen einerseits und auf die eifrige Liebe für unser Kind andererseits. Diese Liebe für Gott heißt heute mehr denn je: Opfer der eigenen Wünsche, Opfer all dessen, was wir modernen Frauen tun könnten, statt da so im Nest zu sitzen und uns total von einem immer hungrigen Säugling abhängig zu machen! Stattdessen könnten wir uns Selbstverwirklichung im Beruf, schöne Reisen, viele interessante Freizeitbeschäftigungen gönnen. Stattdessen bedeutet dieses Stillen nach Bedarf sogar am Anfang Verzicht auf viel Nachtschlaf, bis das Kind von selbst so weit ist, auf einen Schlag so viel Nahrung aufzunehmen, dass es die Nacht durchschläft; Verzicht auf viel Dabeisein bei Geselligkeit und Freizeitleben, solange die Kinder klein sind.

Sicher, Gott wird den Müttern verzeihen, dass sie nicht erkannten, inwiefern all die unabhängig machenden, erleichternden Ratschläge der Säuglings- und Kinderfachleute schlimm falsch waren! Denn sie konnten nicht wissen, was Jugendtherapeuten (und neuerdings auch Hirnforscher) auf breiter, internationaler Ebene herausgefunden haben, nämlich dass Kinder, die ihre Mütter in dieser Weise nicht bei sich haben, sich seelisch nicht in die Liebe ihrer opfervollen Mutter einwurzeln, dass sie statt dessen unzufrieden werden, unglüklich-aufsässig, wütend, ohne zu wissen, worüber. Denn sie wurden nicht muttersatt, nicht liebessatt, und das wird als eine Zeitbombe spätestens im Jugendalter sichtbar. Man giert maßlos nach vielem, weil man das Lebensnotwendige nicht bekam: die geduldige, opferbereite Liebe der Mutter vom Lebensanfang an und die Bereitschaft des Vaters, diese Idylle zu unterstützen und mitzutragen.

Wir müssen das heute erkennen: Erziehen mit Gott – das ist nicht einfach nur ein pflichtschuldiges Absolvieren von vorgeschriebenen gottesdienstlichen Praktiken allein, nein, diese Zurüstung durch kirchliches Leben muss ganz konkrete Folgen für unseren Alltag haben. In unseren Alltag müssen wir immer wieder hineinlauschen und zu erfragen, zu ertasten suchen: Was will Gott? Was erwartet er von mir? Was ist in dieser Situation das von ihm für mich Gewollte, für die Kinder in seinem Sinne Richtige? Und wir müssen das heute sehr selbstverantwortlich fragen, weil uns durch unseren Zeitgeist meistens Schlimmes aus einem gottlosen Geist als das Richtige, das Neue, das Bessere vorgegaukelt wird.

Und wenn wir Not haben, die falschen Propheten von den richtigen zu unterscheiden, so sollten wir uns klar und fest an das Kriterium halten, das Christus uns anempfohlen hat: „An ihren Früchten sollt ihr sie erkennen!“ Der negative Geist in manchen Menschen heute ist ein Zeichen dafür, dass wir, so könnte man es wissenschaftlich ausdrücken, in der Erziehung von den seelischen Entfaltungsbedingungen der Spezies Mensch zu weit abgewichen sind. In schlichter Sprache könnte man sagen, dass Liebe heißt, sich für unsere Kinder hinzuhalten, dass Gott das so eingerichtet hat und von uns erwartet, dass wir dieses Grundgesetz unseres Lebens glaubend erkennen und in die Wirklichkeit umsetzen.

Böser Geist entsteht, wenn wir, statt Gott zu gehorchen, anderen Götzen nachlaufen: dem Götzen Geld, dem Götzen

Habgier, dem Götzen Genusssucht, Machtlust, Putzsucht oder wie sie alle heißen.

Erziehen ohne Gott heißt, dass wir unseren Kindern Vormacher im Götzendienst solcher Art sind. Erziehen mit Gott heißt, dass wir unsere egoistischen Wünsche unserem Lebensauftrag für Gott unterordnen – und dieser Lebensauftrag heißt, mit unseren Pfunden zu wuchern, die Liebe zu mehren und mitzuhelfen, dass Gottes Schöpfung erhalten bleibt. Wenn wir das erst einmal durchschaut haben, dann bekommen wir einen großen Eifer, uns mit den Kindern zu beschäftigen, für sie da zu sein, sie persönlich zu betreuen, statt diese unsere Aufgabe anderen Menschen zu überlassen.

Die griechische Mutter schickt nicht einen Anwalt, eine Erzieherin oder eine Sozialarbeiterin zu Christus. Sie kommt selbst, sie fragt selbst. Und dies genau ist unsere Aufgabe im Alltag für unsere Kinder: Wir dürfen uns nicht zu schade sein, uns mit ihnen zu beschäftigen, ihre Begabungen zu entwickeln, auf ihre Fragen zu antworten, mit unserem Herzen bei ihnen zu sein.

Erziehen ohne Gott, das heißt auch, sich allein Menschen blind zu verschreiben, worauf die sogenannte antiautoritäre Erziehung beruht – eine Ideologie, die uns einreden will, der Mensch sei ein Produkt des Zufalls, das sich von alleine zu herrlicher Schönheit entfaltet, wenn wir nur nicht in den Wachstumsprozess eingreifen. Aber auch hier lässt sich der falsche Prophet an den Früchten erkennen: In einer Erziehung ohne alle Verbote, in der Kinder absolut tun und lassen dürfen, was sie wollen, entarten die Sprösslinge. Auch in sie fährt der Geist der Wut, des Hasses, der Riesenansprüche, und zwar, weil die Kinder ihre Eltern mit Recht als gleichgültig, als lieblos missverstehen; denn dieses Menschenbild ist eben falsch.

Die Wirklichkeit ist anders. Gott hat jedes einzelne Kind geschaffen mit all seinen guten Antrieben, die freilich auch ausufern, die entarten können und mit denen Missbrauch getrieben werden kann; denn Gott hat den Menschen mit Freiheit beschenkt, aber gleichzeitig hat er den meisten Kindern ein Nest, eine Familie beigegeben, Vater und Mutter, Großmutter und Großvater, Onkel und Tanten, im besten Fall auch Geschwister, Paten usw. – Personen, die er in die Schutzpflicht genommen hat, das Kind so lange zu leiten, solange es seine Freiheit noch nicht verantwortungsbewusst einsetzen kann.

Deshalb haben die Erzieher nicht nur das Recht, sondern die Pflicht, dem Kind Verbote zu setzen, um es vor Selbstbeschädigungen zu beschützen, um ihm beschützende Grenzen zu setzen. Das ist der gottgewollte Sinn von elterlicher Autorität. Auch dieses lässt sich daran erkennen, dass diejenigen Kinder, die Autorität aus Liebe bei ihren Eltern eine Kindheit hindurch erlebt haben, glückliche, dankbereite Kinder ihrer Eltern werden, viel eher als die, denen man alles erlaubte. Denn die Eltern haben die Aufgabe, in der Erziehung ihrer Kinder die irdische Stellvertretung Gottes zu übernehmen.

Freilich: Das trägt nur gute Frucht, wenn es wirklich in seinem Geist geschieht. Und das ist für Eltern enorm schwer! Wir neigen ja selbst immer dazu, die Freiheit zu missbrauchen. Es ist Missbrauch dieser Freiheit, wenn wir uns als Vater absolut an die Stelle Gottes setzen und den Kindern unseren egoistischen Willen aufzwingen, z.B. vom Sohn zu fordern, einen Beruf zu ergreifen, den der Vater sich wünscht, statt erst einmal zu ergründen, was Gott wohl diesem Sohn für Pfunde, für Begabungen in die Wiege gelegt hat. Es ist auch gottloser Missbrauch von Autorität, wenn wir Mütter und Großmütter versuchen, durch ganz viel Verwöhnung unsere Kinder klein und abhängig von uns zu halten. Auch dann setzen wir unseren egoistischen Machtanspruch an die Stelle des horchenden Gehorsams, der von uns Frauen erwartet, unsere Kinder zur Selbstständigkeit zu erziehen, zur Unabhängigkeit von uns. Auch eine solche Machtanmaßung ist keine gute Erziehung und zeitigt faule Früchte. Entweder werden die Kinder träge, passiv, lebensuntüchtig, eben faul im wahrsten Sinne des Wortes, oder der Geist der Verneinung fährt in sie, und sie setzen sich wütend oder auch entartend von dieser machtanmaßenden Hexenhaftigkeit ihrer Mutter ab. Es ist auch Erziehung zu negativem Geist, wenn Vater oder Mutter mit einem der Kinder gegen den anderen Elternteil paktiert und intrigiert. Ich habe viele solche Fälle, besonders bei Scheidungswaisen, erlebt: Schließlich hassen solche Kinder nicht nur den einen Elternteil, sondern beide.

Erziehung mit Gott, das heißt, täglich mit unseren Kindern den Weg des Guten, des Lebensvollen, des Aufbauenden zu suchen, weil wir wissen, dass wir im Dienst der Schöpfung stehen. Ein Geist dieser Art lässt z.B. nicht zu, dass Kinder Dinge tun, die ihre Gesundheit schädigen; denn er weiß, dass wir nicht aus Zufall oder Spaß existieren, sondern um Gottes willen, um der Liebe voranzuhelfen.

Kinder, denen dieser Zusammenhang vermittelt wird – zunächst durch das Vorbild der Eltern, dann aber auch in der Schule und hier wie dort auch dadurch, dass man es den Kindern an der Schwelle zum Jugendalter sagt –, haben keine Not damit, hoffnungslos nach dem Sinn des Lebens zu fragen und zu resignieren, weil sie ihn nicht entdecken können. Wer seinen Kindern den Lebenssinn von uns Menschen glaubhaft vorlebt und sie darin unterrichtet, der kann die Hoffnung haben, dass die Kinder mit zupacken, weil sie spüren, wie nötig sie in dieser wahnwitzig zerstörerischen Welt gebraucht werden.

Es ist auch Erziehung ohne Gott, wenn man die Kinder über die Medien gegen ihre Eltern aufhetzt; denn das geschieht nicht von ungefähr. Dahinter steht jener Feldzug, der die Absicht verfolgt, die Kinder dazu zu bringen, sich aus den Familien zu lösen (auch durch frühen Geschlechtsverkehr vom 13. Lebensjahr ab), damit diese dann als gewalttätige Revoluzzer unsere geordnete Lebensform in den Orkus schicken mit dem Zweck, eine neue Gesellschaft hervorzubringen, in der der Mensch sich als Gott aufspielt und den neuen, gerechten Menschen allein selbst macht.

Dieser gefährliche Geist besonders ist schon in viele junge Menschen eingefahren, weil sie verführt worden sind zu der gefährlichen Vorstellung, der Mensch könne ohne Gott das Paradies der Zukunft selbst schaffen. Dies ist der Geist, der seit 1917 in Russland praktiziert wurde, in dessen Zug 30 Millionen Russen von Russen umgebracht und Tausende und Abertausende von Kirchen zerstört wurden. Davor gilt es auch heute, unsere Kinder und deren Zukunft zu bewahren; denn die Früchte dieser Götzenherrschaft des Menschen lassen sich in der Knechtschaft des armen russischen Volkes ganz deutlich ablesen; sie heißen: Verelendung des Volkes nach einer langen Phase brutaler, barbarischer Diktatur der anmaßenden Machthaber.

Es ist unendlich wichtig, unsere Kinder heute rechtzeitig vor den falschen Propheten zu bewahren, die ihnen vorgaukeln, es könne eine von Menschenhand gemachte, gerechte Gesellschaft geben. Es ist nötig, dies unseren Kindern zu verdeutlichen, bevor sie in den Bann der falschen Propheten geraten sind. Wir müssen den Geist des Gehorsams gegen den Geist des abgefallenen Menschenhochmuts setzen! Wir müssen uns Kraft holen aus dem Geist der Liebe, der Christus heißt!

Dazu ist nun freilich oft mehr nötig als ein wenig Opferbereitschaft und Verzicht auf Eigeninitiative und Geldgewinn. Wir müssen jeden Tag neu beginnen im Miteinander-Sein, im Miteinander-Arbeiten, im Miteinander-Sprechen, im Miteinander-Spielen, vor allem mit den Kindern und Jugendlichen! Und auch hier wird nur Heilung entstehen, wenn wir nicht an irgendjemand anderen die Verantwortung abschieben, sondern uns selbst stellen.

Wir dürfen aber auch nicht hoffen, dass dieser Weg zum Heil führen kann, wenn wir auf unsere eigene Liebeskraft als ausreichende Quelle bauen. Die Erfahrung lehrt: Sie ist bald erschöpft, weil der Widerstand gegen die zur Verneinung gewordende Haltung übermenschliche Kräfte erfordert. Diese Kräfte über lange Zeit bereitzuhaben für den Einsatz, der heute nötig ist, das geht nur, indem wir täglich rennen nach den Brosamen des Herrn, d.h., wenn wir uns täglich vergegenwärtigen, wie viel dieses Elend mit unserer eigenen Schläfrigkeit gegenüber dem Bösen, wie viel es mit unserer eigenen Verführbarkeit zu tun hat, um aus dieser besseren Einsicht klarer zu erfassen, wie sehr wir der Bitte um das tägliche Brot von Gott bedürftig sind, und das heißt der Bitte um durchhaltende Liebeskraft für unser tägliches Leben.

Diese Einsicht in unsere realistische Situation als Menschen und in die Gefahren unserer Zeit sollte jeden von uns aufrütteln und ihm seine Verantwortung bewusst machen. Wir sollten mithelfen, dass der Geist des Widersachers nicht von so vielen Herzen Besitz ergreift. Unsere Bereitschaft zum Glauben und damit unseren einzig gesunden Instinkt für die Wirklichkeit sollten wir einbringen, jeden Tag neu; mit diesem Geist sollten wir uns einsetzen. Dann haben wir auch die Aussicht, dass Christus mit uns geht – sogar hinein in unser Haus, in unsere Schulen; ja, dann dürfen wir auf das Wunder hoffen, das wir brauchen, wenn unsere Kinder noch Zukunft haben sollen: dass der gefährliche Geist ausfährt aus der so gebeutelten Jugend; denn nur so haben wir Aussicht, dass bei unseren Kindern die gute Lebenskraft siegt, sodass sie Zukunft haben können.

Heilen auf christlicher Basis

Lehranalyse 1955: Eine Couch in vollendeter Originalimitation des großen Meisters aus Wien, eine Analytikerin mit versteinerter Miene zu Häupten – eisern, stumm. Ich erzähle einen Traum. Er spielt sich in einer Kirche ab. Der einzige Kommentar ist ein bedrohliches Knurren hinein in meine verschreckten Ohren. Von der Lehranalyse, von der Bescheinigung einer unneurotischen Charakterstruktur durch den Analytiker hängt die Erringung des ersehnten Zertifikats ab. Aber: Religiöses zu bekunden, nährt den Verdacht, neurotisch zu sein. Zitat des Meisters: „Religion ist die an den Himmel gehängte Neurose."

Davon fern zu sein, ist eine wesentliche Grundbedingung, um analytisch psychotherapeutisch tätig werden zu können. Bei manchen Besitzstandsbewahrern der klassischen Psychoanalyse nach Freud ist das auch heute noch so, wenn auch vielleicht nicht mehr mit einem so selbstsicheren Knurren des Pudels wie in der ersten Analytikergeneration, mit der ich es damals noch zu tun bekam – mit jener Generation, die von der persönlichen Begegnung mit Melanie Klein oder Anna Freud lebenslänglich zehrte. Nein, diese Sicherheit, das Religiöses in der Psychotherapie grundsätzlich auszuklammern sei, ist dahin, zumindest, seit Völkerkundler aufgrund ihrer Recherchen vor Ort festgestellt haben, dass es selbst im hintersten Busch keine Population des Homo sapiens gibt, die keine religiösen Rituale und Praktiken ausgebildet hätte, erst recht, seit kürzlich ein Genforscher sogar zu der Vorstellung kommen konnte, der Mensch sei „genetisch religiös".

Zwar war auch bereits C. G. Jung andeutungsweise zu solchen Erkenntnissen vorgestoßen – aber gerade deshalb war es schließlich zu einer gegenseitigen Entfremdung der großen Protagonisten der Psychotherapie gekommen. Und als Victor Frankl der Freudschen Verdrängung sein Konzept der Logo-Therapie entgegenstellte, nahmen die Adepten der Psychoanalyse das ebenso wenig zur Kenntnis wie meine Lehranalytikerin meinen Kirchentraum. Sinnfindung als therapeutisches Ziel einer Analyse schien ihnen wie eine Verwässerung der Tiefendimension; und so musste Frankl erst Südamerika erfolgreich durchpflügen, ehe er in seiner Heimatstadt Wien seinen Verdiensten entsprechend akzeptiert werden konnte.

Die Abweisung der Sinnfrage als mystizistische Inkompetenz besteht deshalb auch heute bei den klassischen Psychoanalytikern weiterhin. Sie sind aber mittlerweile durch kritische Stimmen aus anderer Richtung in eine erhebliche Verunsicherung geraten: durch Kritiker wie Eysenck[3] und Hoffstätter[4], die der Freudschen Psychoanalyse als Heilverfahren eine hinreichende Effektivität in toto absprachen. Ein Laie, so votierte der Psychologieprofessor aus Hamburg, habe – wie eine Studie belege – ebenso viel Heilerfolg wie ein über Jahre und Jahrzehnte speziell ausgebildeter Psychoanalytiker. Und der Wissenschaftspublizist John Horgan erklärt sogar kategorisch: „Mehr als 50 Jahre nach Freud gibt es noch immer keine schlüssigen Beweise dafür, dass die Psychoanalyse als therapeutisches Verfahren dem Gesundbeten überlegen wäre."[5]

Die Frage „Ja, was heilt denn überhaupt wirklich?" tritt damit ebenso wieder ins Blickfeld wie die Frage nach dem Sinn des Leids, die sich dem psychisch Kranken schließlich geradezu aufdrängt und sogar theologische Antworten zumindest erwähnenswert erscheinen lässt.

Aber es darf nicht übersehen werden, dass die so weit gehende Verdrängung jeglicher Transzendenz aus den dominanten psychotherapeutischen Heilverfahren in Deutschland zu einem Notstand mit bedenklichen Folgen führte: Die lang dauernden und oft sogar erfolglosen analytischen Verfahren konnten nicht das immer höher anschwellende Potenzial an heilbedürftigen Menschen abdecken. Eine Recherche der Universität München, die sich nur auf die Diagnosen von Allgemeinmedizinern stützt, rechnete eine Zahl von vier Millionen Depressiven hoch, worin das Millionenpotential der Alkoholiker, der Essgestörten und anderer Süchte, bei denen in großer Zahl eine depressive Struktur zugrunde liegt, nicht einmal einbezogen ist. Geschähe das, so würde sich die Zahl der Depressiven noch einmal verdoppeln. Und auch diese Zahl von acht Millionen müsste vervielfacht werden um das erhebliche Potenzial beeinträchtigter Angehöriger, die durch die chronische Überlastung beim Umgang mit den Kranken schließlich auch behandlungsbedürftig werden. Und noch nicht mitgerechnet sind die kranken Kriminellen sowie die Kinder, von denen – laut Deutschem Ärzteblatt – jedes Fünfte behandlungsbedürftig ist.[6]

Dieser Umstand von einem (nun gar nicht mehr durch die Kassen bezahlbarer) Bedarf und einem knappen, als seriös geltenden, zu den Kassen zugelassenen Angebot hat eine fatale Situation heraufbeschworen: das Boomen der Scharlatanerie von zaubernden Esoterikern bis hin zu den Satanisten.

In all ihrer Not werden Millionen Menschen orientierungslos, und sie können durch oberflächliche Fernsehablenkungen allein gewiss nicht Boden unter die Füße bekommen. Die Frage „Was hat mein Leben, was hat dieses mein Schicksal in all seiner Verflochtenheit mit den bedrohlichen Trends angesichts der neuen Großschrecken wie dem 11. September 2001 oder der Mordtat von Erfurt 2002, was hat mein Leben in dieser Gesellschaft für einen Sinn?“ steht wie ein unbeantwortetes Fanal im Raum und bildet damit eine brennend aktuelle Herausforderung für die psychologischen Heilberufe.

Wir bedürfen einer Revision, einer neuen Ordnung, einer neuen Unterscheidung des Richtigen vom Falschen, des Legitimen vom Unberechtigten, des Helfenden vom Schadenden. Aber lässt sich dafür auch nur andeutungsweise ein brauchbarer Maßstab finden?

Ein Heilerfolg – was ist das? Wenn ich nur an die oft geschönten Berichte über gelungene Therapien aus den Psychokliniken denke, die an mich geraten, während ich mit einem schwer rezidivierenden Jugendlichen in eine Behandlung einsteige: Wie oft ist der Erfolg zumindest nur vorübergehend gewesen! Wie oft setzt sich das Elend mit oder ohne Symptomverschiebung fort und zwingt den Leidenden dazu, erneut auf die Suche nach Rettung zu gehen!

Gewiss gibt es einige Studien mit Patientenbefragungen, die – vor der Einführung des Psychotherapeutengesetzes – zumindest dazu geführt haben, diejenigen Therapeuten zu den Krankenkassen zuzulassen, die in den angeblich erfolgreichsten Heilverfahren ausgebildet sind und sich darin bewährt haben. Aber wir dürfen uns nicht täuschen: Abgesehen davon, dass das Tropfen auf heiße Steine sind, wird sich eine neue Ordnung von Grund auf so nicht herstellen lassen. Dazu bedarf es erstens einer Bilanz des für die Heilverfahren brauchbaren psychologischen Wissens nach dem Motto „Prüfet alles und das Gute behaltet", zweitens einer Abklärung der Grenzen von Heilmöglichkeiten überhaupt und drittens einer realistischen Erweiterung des Menschenbildes über die rein materialistisch-naturwissenschaftlichen Ansätze hinaus. Das allerdings erfordert eine philosophisch-metaphysische Durchdringung und Akzeptanz, die alle seelischen Bedürfnisse des Menschen umfassen sollte.

Es müsste sich also um eine völlige Umstrukturierung, um eine sehr veränderte innere Ordnung handeln, die zu einer fundamentalen Umgestaltung der Ausbildung und einer seriösen Auslese führen müsste. Das ist Utopie – gewiss; und dennoch möchte ich Anstöße zu ihrer Verwirklichung geben, indem ich zu den eben genannten Voraussetzungen einige Ausführungen mache.

1. Prüfung des Bestehenden

Es gibt heute eine erhebliche Zahl von Stimmen, die die klassischen Verfahren am liebsten in Bausch und Bogen (als den Kaiser, dessen Kleider vorgetäuscht sind, der eigentlich nackt ist) vom Thron stürzen möchten. Sie begründen das mit der unzureichenden therapeutischen Effektivität und dem Atheismus Freuds und seiner Nachfolger (besonders von Reich und Marcuse). Davor möchte ich warnen, und zwar aus folgendem

Grund: Freuds Anstoß war insofern in der Tat revolutionär, als nun erstmals im Bereich der Psychiatrie Therapeuten ihren auf die Couch gebannten seelisch erkrankten Patienten wirklich zuhörten. Das war bisher keineswegs je in diesem Ausmaß, in dieser Experimentierfreude und in dieser Systematik geschehen. Freuds These vom unermesslichen Umfang des Unbewussten im Verhältnis zur Spitze des Eisberges, dem Bewussten, stieß ein Tor zu Erkenntnismöglichkeiten auf, was eine außerordentliche Fülle neuer Ein-Sichten im wahrsten Sinne dieses Wortes erbrachte. Zwar erhob er die Libido zum Götzen und blieb so einseitig. (Wir wissen heute längst wieder: Der Zeppelin ist wirklich nicht nur ein Phallussymbol – man kann auch mit ihm fliegen.) Doch über seine durchaus noch diskussionswürdige Sexualtheorie hinaus war allein schon seine Entdeckung des Traums als eine „Via regia zum Unbewussten"[7] ein Fortschritt, den wir heute gewiss nicht ad acta legen sollten, um den Menschen zu verstehen, der im Brunnenschacht des psychischen Leidens steckt und nach Hilfe schreit. C. G. Jung hat das ja bereits begriffen und Freuds verengte Kanäle zur Tiefe mächtig erweitert. Er hat uns die Welt der Symbole in ihrer unermesslichen Fülle geöffnet, wenn er sie – in einem Bedürfnis nach Systematik – dann leider auch wieder verengte; aber er hat das Bedürfnis des Menschen nach Ergänzung seiner in ihm unzureichend entwickelten Seelenanteile, er hat das menschliche Bedürfnis nach Vervollkommnung ans Tageslicht gefördert und damit Möglichkeiten des Selbstverstehens und der Revisionsnotwendigkeiten in die Psychotherapie eingebracht, die wir heute in all ihrer farbigen Fülle nicht vernachlässigen sollten[8] (jedenfalls nicht bei der Therapie von Patienten, die ihre Fähigkeit, sich an ihre Träume zu erinnern, noch nicht durch zu viel abendlichen Fernsehgenuss verloren haben).

Wir enthalten uns der Wissensfülle einer ganzen Universitätsbibliothek, wenn wir das, was hier in 120 Jahren zusammengetragen worden ist, unbedenklich auf den Müll kippen, um uns z.B. der offenbar erfolgreicheren Verhaltenstherapie als dem kürzeren Verfahren allein zu verschreiben. Sie ist erfolgreich und hat deshalb zu Recht manchen Stuhl im Therapeutenchor besetzt; das aber nur, weil viele der schweren psychischen Störungen (und zwar alles das, was Suchtcharakter annimmt) sich zu verselbständigen pflegen und deshalb des Abkonditionierens bedürfen. Aber die Verhaltenstherapeuten wären gut beraten, wenn sie daraus nicht den Schluss zögen, ihre Patienten seien damit von jeglicher Grundstörung, jeglicher Ursache eines Konflikts geheilt, und ihrem Grundbedürfnis nach Einbergung in eine den Menschen tragende Sinnfindung sei damit bereits zureichend entsprochen geworden.

Bilanz: Die Tatsache, dass die psychoanalytischen Methoden als Heilverfahren berechtigte Zweifel anmelden lassen, sollte uns nicht dazu verführen, die Erkenntnisse zu vernachlässigen, die hier erbracht worden sind. Sowohl über die Entstehung einer geschlechtlichen Identität wie über die Perversionen lässt sich z.B. bei Freud Wahreres erfahren als heute mit Hilfe von gängigen Ideologien, die als Wissenschaft verkauft werden. Und durch die Berücksichtigung der Bildersprache des Traums als Spiegel der Seele ist nach Jung mehr Einblick in das Wesen des Patienten zu gewinnen bzw. durch bildnerische Verfahren zu erweitern als durch Psychotechniken, die sich nur auf Befragungen und auf das oberflächliche Verhalten des Menschen beziehen.

2. Grenzen psychotherapeutischer Verfahren

Aber nicht nur durch abergläubische oder gar diabolische Scharlatanerie ist seriöse Psychotherapie heute bedroht, sondern durch eine neue Wissenschaft, durch die Hirnforschung. Charakterstruktur, wie sie durch die Entfaltung des Gehirns eingebahnt wird, liegt bis zum 12. Lebensjahr fest, geben uns die Wissenschaftler kund – aus den USA ebenso wie neuerdings aus unserem Land.[9] Alles, was nach dieser Altersmarke an Veränderung geschieht, ist Auswirkung, sind Reaktionen, sind u.U. Folgen, die zu Goethes apodiktischem Schluss nötigen: „So musst du sein – dir kannst du nicht entfliehen." Und das heißt: Den Overstress, den du vielleicht schon im Mutterleib, unter der Geburt, in der ersten Phase der Hirnentfaltung erlitten hast, ist so irreversibel in das limbische System eingeprägt, dass kein Supertherapeut dieses Trauma und seine pathologischen Reaktionsformen wieder löschen wird. Das ist ein tief demütigender Hammer, der sich von vernichtender Wucht erweisen wird, wenn ihn sich die Ärzte demnächst als Argument zunutze machen werden, um die psychologischen Psychotherapeuten wieder aus dem viel zu klein gewordenen Topf der Krankenkassen hinauszuwerfen. Läutet diese neue wissenschaftliche Erkenntnis vielleicht sogar das endgültige Aus der Psychotherapie ein? Zumindest bestärkt das therapeutische Resignation, zumal z.B. spektakulär an den triebkranken Wiederholungstätern der Öffentlichkeit sichtbar wird, dass sogar langjährige intensive, Milliarden Euro verschlingende Psychotherapie bei manchen von ihnen nicht bewirkt, dass der Kindermörder, der Vergewaltiger, dieses einst verwundete Kind, weiter mordet, wenn man ihn endlich wieder laufen lässt.

Diese Erkenntnis der Therapieresistenz schwerer Kernneurosen ist also ein harter Brocken; aber sie ist zur Ernüchterung unserer Zunft sogar nötig; denn sie wirft zunächst ein Schlaglicht auf die Notwendigkeit einer neuen Akzentsetzung, auf die Prophylaxe. Es tritt ins Bewusstsein, wie unendlich leichtfertig, wie unwissend, wie instinktlos der moderne Mensch mit dem Kind und seinen lebensnotwendigen Grundbedürfnissen verfahren ist und weiterhin umgeht. Die notwendige Akzentverschiebung von der Therapie zur Prophylaxe macht aber auch deutlich, wie wichtig es für ein neu zu schaffendes Grundkonzept in der Psychotherapie ist, mehrere

Grenzwissenschaften intensiver einzubeziehen. Die pränatale Medizin, die Gynäkologie als Geburtshilfe, die Pädagogik, die Kinderpsychotherapie, die Biologie, die Anthropologie, die Theologie und die Psychiatrie; denn das realistische Menschenbild, von dem aus neue therapeutische Konzepte zu entwickeln sind, sollte nicht erneut den Fehler begehen, aus einer einzelnen neuen Erkenntnis ein starres Gehäuse zu machen, das dann bald sektiererische Züge anzunehmen beginnt, wie wir es bei der Psychoanalyse erlebten.

Was erlaubt das für Rückschlüsse auf die Psychotherapie? Als Erstes: Wir haben es – grob gesehen – mit zwei Gruppen von Patienten zu tun, und zwar zunächst mit einer Gruppe von gesund aufgewachsenen, die durch Probleme, welcher Art auch immer (am häufigsten durch den Umgang mit seelisch kranken Menschen in ihrem Umfeld), in Konflikte und damit selbst in seelische oder existentielle Krisen geraten sind. Als Zweites haben wir es mit einem riesengroßen Potential von Menschen zu tun, die an der Basis beschädigt wurden, von denen die Hirnforscher erklären, dass ihre Beschädigungen jenseits der Kindheit irreversibel seien. Gewiss, es ist dennoch hilfreich, wenn der Patient mit unserer Hilfe seine pathologischen Verhaltensweisen erkennen, durch Anamnesenerhebungen verstehen und mit Verhaltenstherapie sogar von manchen Symptomen geheilt werden kann. Hier gibt es für Psychotherapeuten in unserer konfliktbereiten Mentalität heute mehr als genug zu tun. Hier winkt vieler, manchmal sogar rasch eintretender Erfolg.

Aber in welchem seelischen Status die Patienten, die zum Psychotherapeuten kommen, auch sein mögen, über kurz oder lang stellen sie Fragen wie: Was hat mein Leiden für einen Sinn? Wieso muss ausgerechnet ich dieses Schicksal erleiden? Wie kann ich mit meiner misslichen Situation fertig werden? Diese Fragestellungen haben viele der klassischen Psychotherapeuten abgewiesen, zum Teil, weil sie ihren Patienten keine Antworten vorgeben wollten, oder weil sie selbst darauf keine hatten. Und wurden sie mit solchen Fragen wieder und wieder bedrängt, pflegten sie die Fragenden an Seelsorger und Pfarrer zu verweisen mit der Begründung, dass sie sonst ihre Kompetenz und Wissenschaftlichkeit überschreiten würden.

Aber die Nichtbeantwortung solcher Fragen, die in dem Patienten oft erst im Laufe einer längeren Therapie aufbrechen, kann ihn so enttäuschen, dass er in eine noch schlimmere Leere stürzt als die, um deretwillen er Therapie gesucht hat. Nun fühlt sich der Patient noch mehr allein, als er es zuvor dumpf unbewusst erlebt hatte.

Aber sind die Sinnfrage und das dahinter stehende Bewusstwerden religiöser Bedürfnisse nicht ein notwendiger und konstruktiver Schritt in einer gelingenden Psychotherapie? Ja, ist hier vielleicht überhaupt der tiefste Grund für die so geringe Effektivität der klassischen Therapiekonzepte zu finden – noch hinausgehend über die sie einschränkende Traumalehre der Hirnforscher? Hat das Unvermögen bzw. der Unwille, sich auf Glaubensfragen einzulassen, seine letztgültige Ursache darin, dass diese Therapeuten meistens Atheisten sind und meinen, eine „wertfreie“ Psychotherapie anbieten zu müssen? Das ist ja nicht allein bei den Psychoanalytikern der Fall, sondern häufig auch bei den psychologischen Psychotherapeuten, die durch ihre Psychologenausbildung auf den Universitäten zu größtmöglicher Objektivität und zur Abneigung gegen jegliches ungeklärte Irrationale erzogen worden sind. Aber trifft nicht vielleicht deswegen gerade hier der kluge Spruch des Volksmundes zu, dass der Blinde den Blinden nicht über eine Brücke führen könne? Über die Brücke zum Frieden der Seele des Patienten – sogar selbst dann, wenn das Grundleiden sich als irreversibel erweisen sollte? Hat sich der Atheismus in der Psychotherapie vielleicht sogar als eine Einschränkung ihrer therapeutischen Möglichkeiten erwiesen? Ist der Psychotherapeut – wie der große Freud selbst – nicht dann allzu leicht in der Gefahr, sein eigenes bzw. das gelernte Konzept zu vergötzen und sich in den selbst errichteten Mauern seines Systems der Gefangenschaft (und der Erblindung durch Erkenntnis-Verdunkelung) auszuliefern?

Wie oft scheint das so, wenn man hört, wie sich die jeweiligen Schulen mit Zynismus bekämpfen und auszustechen suchen, indem sie sich gegenseitig das Fehlen von Effektivität und von Seriosität vorwerfen?

Wäre es nicht besser, Psychotherapeuten blieben offen und damit auch lernfähig für das, was z.B. die Bibel, vor allem was das Evangelium, an Erkenntnissen über den Menschen und erst recht an Hilfskonzepten in Grenzfragen um Leben und Tod anzubieten hat? Und braucht der Psychotherapeut nicht auch selbst einen anthropologisch festen Grund, der gleichzeitig Toleranz und Solidarität auf seiner Fahne hat?

Der schweigende Psychotherapeut hinter dem Kopf des Behandelten bewirkte, dass die Patienten aus Angst vor dem als bedrohlich erlebten Schweigen zu reden begannen; aber diese Form von Psychotherapie war und blieb fehlindiziert in allen jenen Fällen, und sie sind heute Legion, in denen die Lebensschwierigkeiten des Patienten auf einem frühen Verlust der Geborgenheit beruhen.

Erst die Rückkehr des Menschlichen in die Psychotherapie, mit Hilfe von Rogers[10] neu eingeführt, erwirkte Erlösung von dieser Verkrampfung durch das psychoanalytische Arrangement.

Und wenn seit Rogers der Psychotherapeut seinen Patienten wieder als Mitmenschen begegnen und sogar ihnen gegenübersitzend freundlich und ermunternd in die Augen sehen darf – ist es dann nicht auch ebenso legitim wie angemessen, sich als Heiler selbst auf den Boden des Christentums zu stellen und dieses sein Menschenbild in seine Arbeit mit den Menschen einfließen zu lassen? Schließlich hat das Christentum Antworten auf Patientenfragen, bei denen die Helfer nicht zu passen brauchen; und da, wie erwiesen, der Mensch nun einmal genetisch religiös ist, wird er in jedem therapeutischen Prozess, der diese Bezeichnung verdient, weil er die Nachreifung der Seele im Blick hat, mit den existentiellen Fragen der ihrer selbst bewusst werdenden Patienten konfrontiert werden: Warum bin ich überhaupt hier? Was hat das für einen Sinn, dass es ausgerechnet mich gibt? Warum muss ich das alles aushalten? Sollte ich mich nicht besser umbringen? Ist Tod gleich tot, oder kommt da noch etwas?

Auf diese Frage weiß die Bibel, wissen ebenso z.T. bereits sogar moderne Naturwissenschaften Antworten. Welche Rückständigkeit hindert uns daran, sie in Anspruch zu nehmen? Nehmen wir uns kurz einmal zwei der eben gestellten Fragen vor: Warum bin ich, Michael Schulze, und ich, Janita Möller, überhaupt hier? Antwort: Die Genetik hat erforscht, dass jeder einzelne Mensch ein absolut neues, nie so je da gewesenes Einzelexemplar der Spezies Mensch ist. Jeder Mensch ist eine absolut neue Kreation, gewissermaßen handverlesen. Die Bibel sagt: In jedem Menschen ist ein Plan Gottes, für jeden in einer spezifischen Weise angelegt, aber mit einem einhelligen Ziel: Die Menschlichkeit, man kann auch sagen die Liebe, und außerdem seine spezifischen Talente mit seinem Leben zu verwirklichen. Das Leben ist also ein sehr persönlicher Auftrag von Gott. Jeder ist dazu berufen, das Beste daraus zu machen. Das ist der Sinn unseres Lebens in christlicher Sicht. Er ist geeignet, dem Menschen, diesem Zigeuner am Rande des Universums, Halt und Orientierung zu geben. Und genau das sucht er. Wenn aber dieses unser Leben voller Schicksalshindernisse ist, die es unmöglich machen, in einer solchen Weise zu leben, (und das bezieht sich auf den zweiten Fragenkomplex) so ist damit in christlicher Sicht das Leben keineswegs sinnlos geworden. Erstens kann Leid sehr viel schneller menschlich reif werden lassen, viel schneller als ein Schlaraffenlandschicksal, und zweitens hat akzeptiertes, durchgestandenes Leid einen Sinn, wie Christus es den Menschen vorgelebt hat. Es kann Opfer sein, ja mehr noch: Es kann zu einer Weisheit führen, zu der die Glücksritter des Schicksals sehr viel mühsamer kommen: Leid kann Tor zur Gottesnähe sein, wie z.B. die Hiobsgeschichte belegt.

Im Evangelium gibt es darüber hinaus zwei Passagen, in der Bergpredigt und in der Abschiedsrede,[11] in denen deutlich wird, dass Christus vor allem in den Leidenden selbst existent ist, so dass wir, die scheinbar seelisch starken Therapeuten, in der Annahme dieser Wahrheit uns schleunigst vom Therapeutenthron herunterbewegen sollten, um das zu lernen, was von den Ärmsten der Armen gelernt werden kann.

Das ist eine gänzlich andere therapeutische Situation, und sie enthält Heilsames: dass wir nicht durch unser Wissen allein, sondern vor allem auch durch unser Einfühlen heilwirksam werden können!

Vielleicht mag der eine oder der andere jetzt skeptisch fragen: Ja, aber sollte man das gesamte Feld der Psychotherapie dann nicht besser ganz den Seelsorgern und den Pfarrern überlassen?

Gewiss nicht; denn damit würde der Notwendigkeit des Vorwissens über die Fülle der seelischen Störungen und ihrer Erscheinungsvielfalt nicht Genüge getan. Allein um die Erkrankten richtig zu orten und nach der Erstellung der Diagnose einen Therapieplan ansetzen zu können, brauchen wir das möglichst umfängliche Wissen, das im vergangenen Jahrhundert in der Psychologie angesammelt worden ist. Wir brauchen Systematik der seelischen Erkrankungen, wir brauchen ihre Einordnung in angemessene unterschiedliche Heilverfahren. Wir brauchen viel einschlägiges Wissen aus den Grenzwissenschaften, aus der Biologie ebenso wie aus der modernen Neurologie, die uns neuerdings mit manchen Serotonienwiederaufnahmehemmern unter die Arme zu greifen vermag.

Aber wie gesagt, wir sollten nicht länger das Wissen aus Anthropologie, Ethnologie und Ethologie und vor allem, wir sollten das Christentum nicht länger aus der Psychotherapieausbildung verbannen. Dass Therapeuten, die hier Wurzeln haben, erfolgreicher arbeiten als andere, hat manche Studie bereits deutlich gemacht – bis zu einem Erleben, das gegen manche Erfahrungen von Therapieresistenz mit Trost zu beschenken vermag: Mehrere Studien haben zu Protokoll gegeben, dass Fürbitten das Heilwerden beschleunigt haben. Hier sind sogar einige vergleichende Studien zwischen Patientengruppen, für die gebetet und für die nicht gebetet wurde, in den USA angestellt worden.[12]
Das sind zwar keine Beweise; aber sie lassen doch trotz all unseres notwendigen Fachwissens zu der Einsicht kommen, dass wir bei der Fülle der menschlichen Parameter im Grunde und schon ganz und gar durch Befragungen der Patienten allein keine hieb- und stichfesten Aussagen darüber machen können, was heilt.

Aber gerade diese Einsicht kann uns dazu verhelfen, auch den christlichen Glauben nicht mehr als therapeutisch irrelevant abzulehnen, sondern ihn als entscheidende Hilfe parat zu haben, um, wenn der Patient danach zu fragen beginnt, auf jene Instanz zu verweisen, die weit über alle Unabänderlichkeiten des Schicksals hinaus mit Geborgenheit und Frieden zu beschenken vermag.

Und welche Horizonterweiterung tut sich erst auf, wenn der Therapeut den danach fragenden, den dafür aufgeschlossen gewordenen Patienten von dem Gott der Christen erzählen darf. Schließlich ist dieser Gott so heilsmächtig, dass er die Naturgesetze zu überschreiten vermag, wie es in den Wunderheilungen von Jesus Christus zum Ausdruck kommt – erfahren doch christliche Therapeuten infolgedessen immer einmal wieder, dass selbst irreversible, schicksalbedingte Leiden in wunderbarer Weise heil werden! Jedenfalls habe ich in den letzten Jahrzehnten meiner Praxiserfahrung erlebt, dass hier Erstaunliches aufzubrechen vermag – offensichtlich als Folge davon, dass der mit seinen Patienten und mit Christus verbundene Therapeut sich nicht scheut, für sie zu beten. Das Mysterium des Glaubens kann so real erfahrbar werden.

Voraussetzungen zu Sozialisation und Leistungsfähigkeit

Die Voraussetzung für eine gesunde Erziehung, Selbsterziehung und Nacherziehung des Menschen besteht also in einer gründlichen Kenntnis darüber, auf welche Weise und unter welchen Bedingungen optimale Entfaltung möglich ist. Die Kenntnisse darüber mussten bisher in der Geschichte der Pädagogik ein Puzzlespiel bleiben. Der Umgang mit Kindern und die Reflexion über sich selbst sind ein sehr mühsamer Weg zur Wahrheit. Beschönigung, Selbsttäuschung und ideologischer Wunschtraum haben hier nicht selten hinderlich im Weg gestanden.

Einstieg zu mehr Objektivität wurde durch die Psychopathologie angeregt, und zwar durch deren Methode geduldiger und genauer Beobachtung seelischer Störungen mit dem Versuch, daraus therapeutische Verfahren zu entwickeln. Fortschritte auf diesem Vorfeld konnten auch die Bemühungen von Kinderpsychotherapeuten um die Entstehung von Verhaltensstörungen erbringen, zumal es hier in den meisten Fällen möglich ist, durch die Befragung der Mütter Einblicke in die Vorgeschichte der Störungen zu erhalten.[13]

Genauso wie die moderne Tiermedizin begann, z.B. die sinnlosen stereotypen Handlungen von gefangenen Tieren gründlich zu studieren, sie als Anzeichen von ungesunder Lebensbehinderung zu verstehen und dadurch zu heilen, dass man sich auf die Lebensbedingungen des Tieres besser einstellte, genauso konnten Kinderpsychotherapeuten an ihren kleinen Patienten lernen, was dem Menschen während seiner Entfaltung bekommt oder nicht bekommt, indem man das aus seinen Verhaltensauffälligkeiten abliest.[14]

Daraus ließen sich Stufungen der seelischen Entfaltung des Menschen ableiten. Sensible Phasen, sogenannte Zeitfenster, für die Ausgestaltung spezifischer Antriebe und geistiger Funktionen ließen sich erkennen und unterscheiden – ein Ansatz, der durch die moderne Hirnforschung nachdrücklich bestärkt wird. Es zeichnet sich ab, dass die Lebensentwicklung des Menschen von der Entfaltung primitivster Antriebe in der Kindheit bis zu höchsten geistigen, sozialen, religiösen Aufgaben im Erwachsenenalter ausgespannt ist.[15]

Auf diesen Ansatz der Forschung kann sich eine sachgerechte Pädagogik eher aufbauen, als das bisher möglich war; denn viele unserer Anthropologien heute kranken noch daran, dass die Bedeutung einer Entfaltungsphase unzulässig verallgemeinert wird. Man kann z.B. die Notwendigkeit, dass in der frühen Kindheit die Triebimpulse geübt und entfaltet werden müssen, verallgemeinern, wie es Freud tat, indem man alle geistigen Vollzüge unzulässigerweise zu Ersatzbefriedigungen von Trieben degradiert; das sind sie keineswegs, sie bauen nur auf diesen Stufen auf.

Man kann aber auch umgekehrt die Notwendigkeit der Bewältigung und Übernahme überpersönlicher Aufgaben, wie sie vor allem in die Aufgabenbereiche der zweiten Lebenshälfte gehören, unzulässig verallgemeinern, indem man sie zu einem Zeitpunkt der Entwicklung fordert, an dem der Mensch noch nicht reif für sie ist – ein Fehler, der von einer theologisch orientierten Pädagogik lange Zeit praktiziert worden ist.

Richtig erziehen, so ergibt sich aus der neuen Forschung, heißt, phasenspezifisch erziehen, d.h. so, dass eine Harmonie besteht zwischen den Reifungsschritten und den Anforderungen, die an ein Kind gestellt werden. Denn es gibt keine Entfaltung, die sich optimal und störungsfrei vollzieht, wenn Reifungsschritte übersprungen werden. Jede neue Entwicklungsstufe baut auf einer alten auf. Zwar wird an jeder neuen Schwelle etwas Altes abgestoßen wie bei der Geburt die Eihaut, aber immer werden Substanzen oder Kräfte, die sich früher bildeten, in der neuen Lebensstufe als Funktionen gebraucht, um die neuen Aufgaben wirklich bewältigen zu können.

Die Hirnforschung unterstreicht die Gewichtigkeit der Voraussetzung zu einer stabilen Sozialisation und geistigen Leistungsfähigkeit besonders in statu nascendi des Gehirns. Daraus hat man in den USA die Notwendigkeit einer breitflächigen Information der Bevölkerung und präventiver Maßnahmen durch die zuständigen Behörden abgeleitet. In Deutschland gibt es dafür bisher aber kaum einen Ansatz. Ich habe es mir deshalb in diesem Kapitel zum Ziel gesetzt, über die neuen Forschungsergebnisse, die für eine gelungene Sozialisation wichtig sind, zu informieren.

Zwei der überraschendsten und grundlegendsten Entdeckungen der Hirnforschung besagen, dass das Gehirn sich mit Hilfe der Außenwelt selbst formt und dass es entscheidende Entwicklungsphasen durchläuft, in denen die Gehirnzellen auf bestimmte Arten der Reizbeeinflussung angewiesen sind, um überhaupt irgendwelche Fähigkeiten aufbauen zu können. Die Forscher sind zu der Ansicht gelangt, dass unsere Gene, die chemischen Entwurfsvorlagen des Lebens, zwar die grundlegende Struktur des Gehirns aufbauen, dass dann aber sogleich die Umwelt das Steuer übernimmt und für unsere individuelle Endausstattung sorgt. Ein klarer Fall von Arbeitsteilung: Die Gene stellen die Bauteile zur Verfügung, und die jeweilige Umgebung, die Erfahrungen geben wie ein Architekt die Anweisungen zur Endmontage.

Es ist eine faszinierende Entdeckung, dass die Außenwelt in der Tat die eigentliche Nahrung des Gehirns darstellt. Das Gehirn verschlingt geradezu seine äußere Umgebung über seine Sinne Sehen, Hören, Riechen, Fühlen und Schmecken. Dann wird die derart aufgesogene Welt in Form von Billionen von Verbindungen zwischen den Gehirnzellen wieder zusammengesetzt, den Synapsen, die ständig wachsen und vergehen oder aber stärker oder schwächer werden, je nachdem, wie reichhaltig die Außeneindrücke gerade ausgefallen sind.

Das Gehirn eines Kleinkindes wächst und gedeiht also mit der Rückkopplung, die es von seiner Umwelt erhält. Das Gehirn selbst bildet sich durch die Erfahrungen, die das Kind macht, zum denkenden und fühlenden Organ heran. Diese Erfahrungen nimmt das Gehirn in Form von Klängen, visueller Stimulation, Berührungen, Gerüchen, Geschmacksreizen und durch die besonders wichtige Interaktion mit anderen Menschen auf. Das Gehirn ist ein Organ, das sich selbst strukturiert. Es wartet begierig auf neue Eindrücke. Diese Netzwerke können verkümmern, wenn mit den frühkindlichen Erfahrungen nicht auch eine entsprechende geistige Stimulation einhergeht oder wenn sie mit Stress befrachtet sind. Ein Mangel an Ansprache kann das Gehirn geradezu lahmlegen. Emotional positiv Erlebtes hingegen fördert die Hirnentwicklung.

Weil am Lebensanfang, besonders in den ersten beiden Jahren, das Gehirn also zu wenig oder falsch stimuliert sein kann, deshalb sind bereits viele Schulanfänger schon vom ersten Schultag an mit intellektuellen oder psychischen Mängeln behaftet, die durch eine frühzeitige, angemessene geistige Stimulation hätten verhindert werden können. Das sind diejenigen, die später einmal bevorzugt zu Problemschülern werden oder gar völlig versagen. 80 % der Gefängnisinsassen in den Vereinigten Staaten haben die Schule vorzeitig abgebrochen. Und auch in Deutschland sind manche Schüler nicht ausbildungsfähig, wenn sie die Schule verlassen. Aus ihnen rekrutiert sich ein erheblicher Teil unserer Arbeitslosen wie auch derjenigen Patienten, die trotz vieler psychotherapeutischer Versuche beträchtliche Heilhindernisse aufweisen, weil es ihnen an Durchhaltefähigkeit bei der Arbeit und an Belastbarkeit mangelt. Und gerade diese Schwierigkeit bewirkt eine geringe Therapierbarkeit.

Wenn auch das Gehirn über das ganze Leben hinweg grundsätzlich lernfähig bleibt und deshalb gewiss auch die Erziehungsarbeit in der gesamten Kindheit sehr wichtig ist, so ist doch kein anderer Lebensabschnitt mit der frühen Phase in der Kindheit an Lernfülle vergleichbar. Im Laufe der ersten drei Jahre baut das in vollständiger Abhängigkeit lebende Kind, wenn es angemessen gepflegt wird, ein enorm komplexes Gehirn zusammen, das es ihm ermöglicht, zu sprechen, Anteil zu nehmen, zu lieben, zu spielen, Erkundungen vorzunehmen und eine einzigartige emotionale Persönlichkeit zu entwickeln. Aber eben: Diese Emotionalität lässt sich negativ besetzen mit Angst statt mit Vertrauen, mit Missstimmung statt mit Lebenskraft, mit Unzufriedenheit statt mit Zuwendungsbereitschaft. Überlässt man das Kind im Unmaß sich selbst, lässt man den Säugling über Stunden schreien, so verwelken die Synapsen. Das Gehirn bleibt leer.

Die neue Forschung hat damit also gezeigt, dass ein Kind, das liebevolle, anteilnehmende Eltern hat und dem eine angemessene Vorschulerziehung oder sonst eine Förderung mit angemessenem erzieherischem Aspekt zuteil wird, dass ein solches Kind also bis zu seinem vierten Lebensjahr ca. 700.000 positive Verknüpfungen in seinem sich entwickelnden „Hirn-Computer" herstellt. Ein Kind dagegen, das eher sich selbst überlassen wird, das Eltern hat, die ihren erzieherischen Aufgaben nicht nachkommen, hat ungefähr nur 150.000 solcher positiven Verknüpfungen herstellen können – das heißt, weniger als ein Viertel.

Auswirkungen dieser Art sind praktisch arbeitenden Kinder- und Jugendlichenpsychotherapeuten längst bekannt. Die

Schultz-Hencke-Schule spricht in diesem Zusammenhang von der neurotischen Depression und der neurotischen Verwahrlosung – zwei Störungen, die oft bereits im Kindergarten-, erst recht aber im Grundschulalter mit Primordialsymptomen besonders als Unruhe, Unangepasstheit und Lernschwierigkeiten in Erscheinung treten. Im Erwachsenenalter können diesen Symptomen Süchte, chronische Versagenszustände, ja unter Umständen sogar Gewalt- und Raubkriminalität aufsitzen.

Ist also die Basis brüchig, resultiert daraus häufig ein instabiles Lebensgefüge. Die Stimmung schwankt unbefriedigt zwischen Resignation, Aggression und Gier, wodurch sich die Leistungsstörungen in der Schule verstärken und Teufelskreise heraufbeschwören.

Es ist also sowohl durch psychotherapeutische Erfahrung wie durch die neue Hirnforschung deutlich zutage getreten, wie leicht manches im Gehirn aus dem Ruder laufen kann. Deshalb sind Informationen dieser Art dringend nötig, um einen Gutteil jener Schädigungen zu vermeiden, die heute die Zukunft gefährden, und eine angemessene Sozialisation und Bindungsfähigkeit mindern können.

Die wichtigste der neuen neurologischen Entdeckungen ist wahrscheinlich die Bestätigung der psychotherapeutischen Erfahrung, dass das Gehirn sich durch Übung ständig verbessert und durch Nichtgebrauch geradezu „einrostet". Was das Gehirn zu vollbringen imstande ist, hängt also davon ab, ob es benutzt wird oder nicht, bzw. wie es benutzt wird. Das Gehirn ist die ultimative Maschine, die entweder in Gebrauch genommen oder langsam, aber sicher aufgegeben wird, und es ist stets erpicht darauf, neue Fertigkeiten zu erlernen. Und hier spielen die Erlebnisse positiver Erfahrungen die allergrößte Rolle. Durch gekonnte Vermittlung, durch Liebe, entfalten sich sowohl die Soziabilität als auch die Intelligenz.

Die Außeneindrücke in den ersten Lebensjahren fließen durch „Fenster", die nur für eine kurze Zeit geöffnet bleiben, in das Gehirn ein. Diese Entwicklungsfenster treten, so wissen die Hirnforscher jetzt, von der Geburt an bis zum 12. Lebensjahr jeweils in spezifischen Phasen auf, in denen das Gehirn am eifrigsten das von seiner Umgebung lernt, was in der jeweiligen Phase „dran" ist. In diesem Zeitraum, insbesondere während der ersten drei Lebensjahre, werden die Grundlagen für vielerlei Verhaltensmuster gelegt, z.B. für die Fähigkeit, angemessen mit dem Nahrungstrieb umzugehen, sich zu binden, sich zu verteidigen und als Vier- bis Fünfjährige die geschlechtliche Identität zu finden und zu akzeptieren – oder bei verwirrenden Erlebnissen eventuell auch nicht.

In den ersten Jahren lernt das Kind seine elementaren Bedürfnisse nach Sättigung, Bindung, Zärtlichkeit, Selbstbehauptung und Besitz zu befriedigen – oder es wird in einer seelisch krank machenden Weise daran gehindert. Deshalb ist die frühe Lernphase von so großer Bedeutung; denn – so fügt jetzt die Hirnforschung hinzu – danach schließen sich die entsprechenden Fenster wieder. Ein wesentlicher Teil des Gehirnaufbaus ist damit beendet. Es ist so eine Art Nichtumkehrbarkeit, die dann einsetzt. In den frühen Phasen haben wir diesen Formungsprozess, und dann, am Ende dieses Prozesses, im Alter von zwei, drei oder auch vier Jahren, steht da der fertige Prototyp eines Gehirns, das sich in den wesentlichsten Bereichen wahrscheinlich nicht mehr allzu sehr verändern wird.

Wird also das Gehirn in diesen frühen Entwicklungsstadien Gewalt, Stress oder anderen Formen umweltbedingter Belastungen ausgesetzt, so kann das zur Folge haben, dass das Gehirn quasi mit „überhöhter Drehzahl" arbeitet und so Gefahr läuft, impulsive Handlungen oder z.B. Bluthochdruck auszulösen. Das kann schon im Mutterleib passieren, wenn der Fötus unvorhersehbaren Belastungen ausgesetzt wird. Er entwikkelt dann ein ängstliches, ein schockbereites Wesen. Ein intensives Kümmern um Säuglinge und Kleinkinder hat jedoch eine gegenteilige Wirkung: Es vermittelt ihnen Selbstvertrauen und einen verstärkten Forscherdrang.

Das gilt auch für Frühgeborene. Diejenigen, deren Sinneswahrnehmung dadurch aktiviert wird, dass sie im Arm gehalten und liebkost werden, machen schnellere Fortschritte. Sie erreichen schneller ein Normalgewicht. Diese im „Känguru-Prinzip" gehaltenen Frühgeborenen sind später geistig beweglicher und körperlich widerstandsfähiger als solche, die routinemäßig in Inkubatoren isoliert bleiben. In den USA werden deshalb Mütter in den Kliniken dazu angehalten, das zu früh geborene Kind an ihrem Leib zu tragen. Und diese Notwendigkeit, diesen Kindern besonders viel emotionale Zuwendung zuteil werden zu lassen, gilt für sie durch die ganze Kindheit hindurch.

Eine der erstaunlichsten Entdeckungen der Hirnforschung besagt, dass die durch negative Erfahrungen erzeugten Belastungen sogar die Gene beeinträchtigen können; sie werden dann zur falschen Zeit ein- oder ausgeschaltet, und das veranlasst sie, anomale synaptische Netzwerkstrukturen zu bilden. Das bedeutet, dass die Umwelteinflüsse, die von außen kommen und bereits vom Zeitpunkt der Empfängnis an ihre Wirkung tun, bei diesem Prozess eine Hauptrolle spielen. Die Umwelteinflüsse formen eben unsere Individualität, indem sie die Botschaft unserer Gene beeinflussen.

Schlechte Erfahrungen wirken auf das Gehirn in erster Linie über die Stresshormone wie etwa Kortisol oder Adrenalin. Diese Hormone sind für den Umgang mit Gefahren sowohl auf der psychischen wie auf der körperlichen Ebene bestimmt und bereiten den Körper auf Kampf oder Flucht vor. Gehirn und Körper werden darauf vorbereitet, in Aktion zu treten, wenn es geboten scheint, und wieder zur Ruhe gebracht, wenn die Gefahr vorüber ist. Werden diese Hormone jedoch aufgrund länger andauernder Belastungssituationen während der embryonalen Entwicklung oder in früher Kindheit zur

Überaktivität veranlasst, dann können sie – ähnlich wie eine Bande Terroristen – die genetische Steuerung übernehmen. Die terrorisierten Gene bauen daraufhin missgestaltete Netzwerkstrukturen synaptischer Verbindungen zusammen und prägen dem Gehirn so die Ergebnisse seines fehlerhaften Lernprozesses fest ein: einen Kurzschluss, z.B. einen Angstanfall anstelle eines klaren Signals zwischen den Zellen, eine depressive Phase anstatt zufriedener Gedankengänge, Wutanfälle anstelle von Kompromißbereitschaft.

Heute können wir also mit Hilfe der Hirnforschung klarer erkennen, wie bei einem Kind aus ungünstigen Erfahrungen Lernbehinderungen und Charakterneurosen entstehen. Es liegt keineswegs nur an einem angeborenen genetischen Defekt oder einer physischen Verletzung des Gehirns, sondern oft an einer unzureichenden Pflege, die im Säuglingsalter vollzogen wird. Wir sehen, wie das Gehirn destabilisiert werden kann und wie diese Instabilität eine Reihe von neurologischen Zuständen erzeugt, die beim modernen Menschen mehr als häufig anzutreffen sind.

Ronald Kotulak, ein amerikanischer Interpret der Hirnforschungsergebnisse, zieht folgende Bilanz: Stress schaltet durch hormonelle Vermittlung Gene ein, die im Gedächtnis die Erinnerungsspur eines schlechten Gefühls hinterlassen. Kommt dann ein etwas schwächerer Stressimpuls hinzu, so wird die gleiche Erinnerungsspur zu neuem Leben erweckt und verstärkt. Jetzt fühlt sich der Betroffene nicht mehr einfach nur unwohl, sondern er wird depressiv oder panisch vor Angst. Nach einigen wiederholten Verstärkungen verselbstständigt sich schließlich die unerwünschte Erinnerungsspur. Sie entfaltet, auch ohne einen Auslöser von außen, ihre unselige Aktivität aufs Geradewohl und erzeugt so eine Depression oder auch frei flottierende Ängste oder z.B. einen Amoklauf, auf dem Boden eines viel zu hohen Pegels an Aggressivität.[16]

Diese neuen Forschungsergebnisse nötigen dazu, die ideologischen Vorstellungen von einer Sozialisation des Kindes am besten durch die Teilnahme an Gruppen mit Gleichaltrigen zum alten Eisen zu werfen. So unumgänglich z.B. für elternlose Kinder Säuglingskrippen sein müssen, sowenig ist es angezeigt, diese Frühpflegeform als Vorbereitung zur Sozialisation flächendeckend zu einem optimalen Erziehungskonzept zu erheben. Mehr als Notbehelfe sollten Säuglingskrippen und Kindertagesstätten im Kleinkindalter nicht sein. Bereits die genetisch bedingte absolute individuelle Eigenart jedes einzelnen Kindes erfordert eine sorgsame, hellhörige individuelle Betreuung durch die Angehörigen. Es muss aufgrund der neuen Forschungsergebnisse zur Pflicht der Pädagogik erhoben werden, dem verdummenden Konzept der Frühkollektivierung durch angemessene Modelle, die die Familie unterstützen, fördern und unterrichten, entgegenzuwirken.

Der dramatische Anstieg seelischer Beeinträchtigungen wird heute darüber hinaus durch ungünstige Rahmenbedingungen und Gepflogenheiten in den Gesellschaften der Industrienationen zusätzlich erschwert: Die tägliche Durchschnittsdauer elterlicher Zuwendung wird ständig verkürzt, weil immer häufiger beide Elternteile berufstätig sind beziehungsweise sein müssen. Überforderung und feministische Riesenansprüche haben daran mitgewirkt, dass sich die Scheidungsrate in den vergangenen Jahrzehnten verdoppelt hat. Auch das hat ein Aufwachsen in stabiler Geborgenheit häufig gemindert.

Allerdings verfügt das Gehirn auch über eine außerordentliche Widerstandsfähigkeit und behält angesichts der außergewöhnlichsten Situationen dennoch einen sicheren Kurs bei. Daher entwickeln sich sogar die meisten Kinder, die in eine verelendete oder von Gewalt geprägte Umgebung hineingeboren werden, trotzdem noch relativ normal. Andere Kinder tragen bereits bei geringster Belastung einen Schaden davon, weil sie genetisch bedingt anfälliger für Stress sind. Manchmal kommt noch hinzu, dass schlechte Erfahrungen in solchen Fällen leider nicht von einem fürsorgenden Elternteil oder sonst einem verantwortlichen Erwachsenen neutralisiert werden und sich durch falsche Pflegevorschriften verstärken.

Die Ergebnisse derartiger Untersuchungen können hilfreich sein bei der Verbesserung unserer Schulsituation und beim Verstehen des starken Anstiegs irreversibler psychischer Störungen, die schon in den ersten Schuljahren in Erscheinung treten. Die geradezu epidemische Ausbreitung geistig-seelischer Störungen war für viele Fachleute bisher ein unerklärliches Faktum.

Dass das Gehirn – besonders in den drei ersten Lebensjahren – einer intensiven, angemessenen Pflege bedarf, um zu gedeihen, ist eine Erkenntnis von größter Bedeutung für die elterliche Fürsorge wie für gesellschaftliche Maßnahmen zur Neurosenprophylaxe. Der US-Forscher Stanley Greenspan hat einmal gesagt: „Eltern und Familie sind für ein Kind von so unverzichtbarer Wichtigkeit, dass man, wenn es sie nicht gäbe, sie schleunigst erfinden müsste. Denn während für den Aufbau des Gehirns die Natur die Materialien zur Verfügung stellt, heißt der Architekt, der diese dann zusammenfügt, Erfahrung.“[17]

Diese Erkenntnis stellt uns vor einen moralischen und sozialen Imperativ, der da lautet: Wir müssen die seelischen Schäden verhindern bzw. rechtzeitig heilen, wenn während der entscheidenden Entwicklungsphasen des Gehirns vor der Geburt und in der Kindheit ein Mangel an geeigneter Stimulation oder andere Noxen, wie z.B. unzureichende Anregung und ängstigende Erlebnisse, psychische Schäden hervorgerufen haben.

Es ist eine zentral wichtige Aufgabe der Pflegenden, zu erreichen, dass ihr Einwirken für das Kind positiv ist. Das lässt sich am ehesten erfüllen, wenn ihm seine natürlichen Bedürfnisse nach Sättigung, Bindung, Anregung, Zärtlichkeit und Geborgenheit erfüllt werden. Auch das Hören und später das

Ausüben von Musik spielt eine noch weit unterschätzte Bedeutung. Deshalb soll ihr Wert zum Schluss in einem besonderen Abschnitt betont werden. Was für eine Erkenntnis! Von der Entfaltung einer positiven Emontionalität hängt in einem erheblichen Ausmaß die spätere Lern- und Leistungsfähigkeit des Schulkindes ab. Es ist deshalb sogar auch unangemessen, den Halbtagskindergarten im Vorschulalter zu einer Zwangseinrichtung zu machen. So sinnvoll es ist, seelisch gesunde Kleinkinder vom vierten Lebensjahr ab an Gruppen von Gleichaltrigen zu gewöhnen und sie spezifisch anzuregen, so wenig angemessen ist es, jedes Kind von einem von außen bestimmten Zeitpunkt dazu zu nötigen. Auch hier sollte eine sorgfältige Beachtung der kindlichen Reife Piorität haben.

Die Entfaltungsbedingungen unserer Spezies erfordern also eine riesige Investition der Gesellschaft vornehmlich durch die geistige und materielle Unterstützung der Eltern für ihre Kinder, um deren Potential überhaupt zur Entfaltung zu bringen. Der Präsident der Carnegie Corporation in New York erklärt: „Für all die Gräuel, die wir unseren Kindern heute antun, bezahlen wir bereits jetzt einen hohen Preis in Form von wirtschaftlicher Ineffektivität, Produktivitätsverlust, Mangel an Fachkenntnis, hohen Kosten für medizinische Versorgung, ständig steigenden Kosten für den Strafvollzug und mit einem schon ziemlich beschädigten Sozialgefüge.“[18]

Unser „Verein Verantwortung für die Familie e.V.“ hat aus den Erfahrungen der 30-jährigen psychotherapeutischen Praxis ein Konzept zur Neurosenprophylaxe entwickelt und bringt das in Faltblättern[19] seit mehreren Jahren im deutschsprachigen Raum zur Verteilung. Folgende Maßnahmen sollten in den ersten drei Lebensjahren u.a. nach Möglichkeit unbedingt befolgt werden:

1. Jedes gesund geborene Kind sollte in seinen ersten Lebensstunden unmittelbar am Leib der Mutter gehalten werden.
   Die Geburt ist für das Kind ein nicht selten ängstigender

Vorgang. Es bedarf der Beruhigung und findet diese nachweislich am besten in der Leibnähe der Mutter, da es ihre Stimme und ihren Herzschlag bereits kennt.

2. Das Kind sollte so bald wie möglich an der mütterlichen Brust angelegt werden, immer dann, wenn es zu schreien beginnt. Die häufige Saugtätigkeit des Kindes stimuliert die Milchproduktion und ist die Voraussetzung dafür, dass fast jede Mutter so viel Milch zu produzieren vermag, wie ihr Kind benötigt.
3. Aus diesem Grunde sollte das Neugeborene Tag und Nacht in der unmittelbaren Nähe der Mutter gehalten und viel von ihr angesprochen werden. In den Wachphasen am Tag sollte man das Kind spielerisch anregen.
4. Diese Bemühungen der Mutter (und des Vaters) zahlen sich später hundertfältig aus. Kinder, die Geborgenheit, Bindung und Liebe erlebten, erbringen später z.B. bessere schulische Leistungen als mit unnatürlichen Maßnahmen behandelte Säuglinge.
5. Man sollte das Kind während der ersten drei Lebensjahre nicht ohne Not in fremde Hände geben. Jede verlässliche persönliche Betreuung des Säuglings ist deshalb besser als Kollektivversorgung in Kinderkrippen mit wechselnden Bezugspersonen.
6. Säuglinge sollten nicht ohne Not in Kinderkrippen, Kleinkinder nicht in Tagesstätten untergebracht werden, ja, selbst der Halbtagskindergarten sollte erst dann besucht werden, wenn das Kind diese Maßnahmen verstehen und akzeptieren kann.
7. Es ist wichtig, sich Zeit für das Kind zu nehmen, um eine vertraute Beziehung zu ihm aufzubauen. Es ist deshalb nötig, sich immer einmal auch als einzelne Person allein mit dem einzelnen Kind zu beschäftigen. Das Gefühl von Zusammenhalt, von Verlässlichkeit und Geborgenheit lässt sich nur so vermitteln.

8. Die Interessen des Kindes sollten beobachtet werden. Die sich abzeichnenden besonderen Neigungen und Begabungen sollten früh schon gefördert werden.

Resümee: Die Familie hat sich als absolut unaufgebbar erwiesen. Gerade durch die vielen negativen Auswirkungen eines unbedachten Übermaßes an rigoros in Anspruch genommener Freiheit hat sich das bestätigt.

Die ersten drei Lebensjahre sind von erheblicher Bedeutung für die spätere Entwicklung eines Kindes; die Außenwelt wird dazu benutzt, um das Gehirn zu formen. In seiner Entwicklung durchläuft es entscheidende Phasen, in denen Vorhandensein oder Abwesenheit von Stimuli lebenslang andauernde Auswirkungen nach sich ziehen können, sowohl gute wie auch schlechte. Ansprache, Bilder, Musik, positive Interaktionen und ein möglichst kleines Maß an Stress, viel Berührung und Streicheln und allmählich der Erwerb von Kulturtechniken - das alles sind Grundvoraussetzungen dafür, dass ein Gehirn - und damit Emotionalität und später Intelligenz sich positiv entwickeln können und Heilhindernisse eingedämmt werden.

Ebenso wichtig wie tröstlich ist die Erkenntnis, dass die Reversibilität negativer Erlebnisse bis ins 12. Lebensjahr gegeben zu sein scheint. Aber auch gerade dieses Forschungsergebnis verleiht der Erziehungsarbeit in der Familie durch die gesamte Kindheit hindurch die allergrößte Bedeutung; denn noch können Defizite aus der Frühphase nachgeholt werden; später nicht mehr.

Sowohl die neue Hirnforschung als auch die negativen Ergebnisse der Psychopathologie in den vergangenen 30 Jahren bedeuten eine innenpolitische Herausforderung für Europa. Unser Verband VFA, Verantwortung für die Familie, fordert seit Jahrzehnten mit immer neuen Sammlungen von Tausenden Unterschriften, die den entsprechenden Regierungen übermittelt wurden, ein Müttergehalt. Wir Frauen heute haben eine Lebenserwartung von 80 Jahren. Wenn wir genug Hilfe erhalten, können wir nacheinander (nicht gleichzeitig!) beide Tätigkeitsformen in die Gesellschaft einbringen, die Familienarbeit wie auch die Berufsarbeit in welcher Art auch immer; dabei sollte die Mutterschaft endlich den Status eines Berufs mit Rentenanspruch erhalten, wie unser Verband das immer neu, aber bisher vergeblich den Instanzen abgefordert hat. Das wäre logische Konsequenz von Forschung und Erfahrung.

Vom Wert des Musizierens

Als Psychotherapeutin für Kinder und Jugendliche ist mir das in meiner Praxis immer wieder passiert: Da sitzt ein Vater, da sitzt eine Mutter vor mir, die gekommen sind, weil sie fürchten, dass ihr Kind den Sprung ins Gymnasium nicht schafft, oder weil es in einer Fremdsprache einmal ein paar mäßige Zensuren heimgebracht hat. „Als Erstes“, sagen solche besorgten Eltern nicht selten, „haben wir den Musikunterricht abgeschafft.“ – „Mag Ihr Kind nicht musizieren?“ – „O doch“, kommt es dann häufig, „das wohl; aber es kostet halt Zeit, Zeit zum Üben, Zeit für die Fahrt zum Unterricht. Erst muss es doch nun mal mit der Schule klappen. Für die Schulfächer muss unser Kind doch jetzt noch mehr üben, damit es mitkommt!“

So berechtigt Sorge dieser Art in unserer leider so einseitigen Leistungsgesellschaft ist, in den meisten Fällen habe ich den Eltern geraten, gerade nicht bei den sehr geliebten Freizeitbeschäftigungen Einschnitte vorzunehmen, schon ganz und gar nicht beim Musizieren; denn das Musizieren hindert nicht die geistige Entwicklung, es fördert sie nachhaltig.

An der Erfahrung haben wir das in vielen Einzelfällen konstatieren können, ja, wie gesagt hat die moderne Hirnforschung diese Vorstellung in einer eklatanten Weise bestätigt: Nicht intellektuelle Dressur stimuliert die Hirnentwicklung am meisten, sondern sehr eindeutig vom Säuglingsalter ab das Hören und möglichst bald dann auch das eigenständige Ausüben von Musik!

Das Klavier hat sich (durch die vielfältige Betätigung beider Hände) als ein ganz besonderer Anreger der Synapsen ergeben – Synapsen, so nennen die Neurologen die Verbindungen, auf deren Entwicklung einer Vielzahl es ankommt, sodass man in einigen USA-Bundesstaaten schon dazu übergeht, den Kindern bereits im Vorschulalter Klavierunterricht zu erteilen. In Kentucky läuft zur Zeit ein 10-jähriger Großversuch mit einer Schülergruppe, der vom 5. bis zum 15. Lebensjahr Musik als dominantes Hauptfach zuteil wird, neben einer Kontrollgruppe ohne diesen neuen Schwerpunkt. Die Akteure sind nach ersten Untersuchungen von ihrem Erfolg überzeugt: Wer mit viel Musik durch die Kindheit gehe, habe dann später auch besseren Erfolg in Mathematik und in anderen abstrakten Lernbereichen als die Kinder ohne Musikerziehung, sagen sie.

Dabei machen die Forscher bereits Unterschiede im Hinblick auf die mehr oder weniger förderliche Art der Musik. Hier hat Mozart-Musik den höchsten Rang erhalten – und Hardrock den niedrigsten. Man hat nämlich bereits die Hirne Ungeborener in ihrer Reaktion auf verschiedene Arten gehörter Musik beobachtet und festgestellt: Die Synapsen blühen bei klassischer Musik (vor allem Mozart) geradezu auf, sowohl vor wie nach der Geburt des Kindes.

Die Begeisterung über diese Entdeckung ist in den USA so groß, dass in mehreren Bundesstaaten jede Mutter, die ein Kind geboren hat, eine CD mit Mozart-Musik geschenkt bekommt – neben einem Informationsblatt, auf dem zu lesen ist, dass Musik und überhaupt viel emotionale Ansprache *das* entscheidende Stimulanz für eine optimale Hirnentwicklung sind.

Ist diese neue Erkenntnis nicht außerordentlich erfreulich, ja beglückend? Haben wir auf diese Weise nicht vielleicht doch allmählich eine Chance, von der einseitigen, rationalistischen, intellektualistischen Schiene herunterzukommen, die die Pädagogik in den Industrienationen zurzeit beherrscht und *so* viele unglückliche, unzufriedene, ja nicht selten auch resignierende Menschen hervorruft?

Lässt sich jetzt besser verstehen, von welcher immensen Bedeutung die Musikausübung für die seelisch-geistig gesunde Entwicklung unserer Kinder heute ist? Es funktioniert doch schon lange nicht mehr mit der einseitigen, allein intellektualistischen Ausrichtung in unserer Pädagogik. Wir haben ein viel zu hohes Level an Kindern, die im Schulbetrieb versagen! Nicht durch mehr schulischen Leistungsdruck müssten wir das also ändern, wie es die Kultusministerkonferenz zurzeit versucht, sondern dadurch, dass man der Musikerziehung vom Kleinkindalter ab einen vordringlichen Stellenwert erteilt, dass man die Musikschulen flächendeckend weiter ausbaut und sie entsprechend subventioniert.

Wenn man die Gewichtigkeit der musikalischen Förderung erst einmal erfasst hat, wird man dafür auch in Europa noch mehr offene Ohren finden; denn dass die Kinder klug werden mögen, darauf legen Eltern häufig ein großes Gewicht – manchmal ohne zu berücksichtigen, ob sie auch glücklich werden. Musikerziehung, so wissen wir nun also, macht sowohl klug wie glücklich, weil sie einseitige Verkopfung bannt und die Gefühlsentwicklung und damit die zum Glücklichsein notwendige Ausgeglichenheit der Seele fördert.

Die Musik als Heilmittel, die Gefühlsentwicklung als Voraussetzung zu intellektuellem Fortschritt – das geschieht bereits in den Musikschulen, und was könnte das für ein Segen werden, wenn es sich allgemein in ganz Europa durchsetzen würde!

Aber auch in den staatlichen allgemeinbildenden Schulen sollten hier schleunigst neue Schwerpunkte gesetzt werden.

Das Fach Musik ist in den Unterrichtsplänen der Schule oft nur noch ein sträflich vernachlässigter Appendix. Im Allgemeinen wird in den Grundschulen auch viel zu wenig gesungen und die Freude an der Musik durch rhythmische Übungen viel zu unzureichend gefördert. Eine Untersuchung hat kürzlich ergeben, dass die meisten der Grundschulkinder in Hessen nicht in der Lage waren, einen Ton richtig sauber nachzusingen. Und auch das Repertoire an Liedgut war geradezu jämmerlich.

Es ist zu hoffen, dass sich das unter dem Eindruck der amerikanischen Forschungsergebnisse bald ändert; denn wie gesagt: Der pädagogische Wert der Musik kann gar nicht hoch genug veranschlagt werden, ganz allein schon sehr schlicht in Bezug auf die gleichzeitige Entwicklung der Lebensfreude, die allein bereits durch Singen erreicht werden kann. Singen hat, ähnlich wie der Sport, eine entlastende Wirkung auf innere Spannungen, die Adrenalinausschüttung zur Folge haben. Singen sorgt also bereits psychologisch für Ausgeglichenheit. Der Liedvers „Wo man singt, da lass dich ruhig nieder; böse Menschen haben keine Lieder" enthält also eine psychologische Wahrheit. (Dass es auch satanische Musik gibt, dass Hardrock süchtig aufputschen kann, steht auf einem anderen Blatt. Diese Musik ist eben nicht wirklich Musik, sondern Nachäffung von Kunst. Das Außer-sich-Sein, das unter Ecstasy und anderen Drogen hier erzeugt wird, ist eine künstliche, destruktive Übersteigerung der Gefühlsbereiche.)

Von größtem pädagogischen Wert für die seelisch-geistige Entwicklung des Menschen ist eben das Lernen eines Musikinstrumentes. Das hat über das eben Gesagte hinaus noch einen weiteren pädagogischen Wert, weil es sich um einen Lernprozess handelt, der in geduldigen Schritten und Stufen zum Erfolg führt. Kinder können unter Anleitung eines geschickten Musikpädagogen an ihren Leistungsschritten die Erfahrung machen, dass der Erfolg eintritt, wenn man sich durchhaltend müht. Das Musizieren kann damit zu einer außerordentlich wertvollen Erfahrung führen: dass es einen Sinn hat, sich anzustrengen, dass es eine gute Sache ist, etwas in Angriff zu nehmen, statt alles passiv laufen zu lassen. Solche Erfahrungen haben die verwöhnten Kinder im technisierten Leben dringend nötig, weil sie durch unsere bequemen Lebensformen zu einer schädigenden Passivität verführt werden, die sie leer, gelangweilt und unglücklich macht. In den psychotherapeutischen Betreuungen von Kindern gelingt das Herausholen aus der neurotischen Unlust häufig durchaus über das geduldige Erlernen eines Instrumentes, indem durch Vorspielen, Ermutigung und Beachten der Fortschritte ein Anfang gemacht wird in eine Aktivität hinein, ohne die gesunde Lebensbewältigung undenkbar ist.

Aber abgesehen davon schließt die aktive Beschäftigung mit der Musik das Tor zum Neuland ihres Verstehens auf; es tut sich dem jungen Menschen durch das intensive Hören von Melodien, von Rhythmus und Strukturen ein weiter Interessensbereich auf, der es ihm später ermöglichen kann, zu immer neuen, vertieften Eroberungen zu kommen. Die Aufgeschlossenheit für Musik erweitert den Lebenskreis und lässt intensive seelische Bereicherungsmöglichkeiten entstehen.

Die Musik kann auch einen gemeinschaftsfördernden Aspekt haben. Ein Junge, der Posauneblasen gelernt hat, findet Gleichgesinnte im Posaunenchor und hat damit mehr Chancen, auf einem Gebiet, für das er sich interessiert, einen geistverwandten Freund zu finden; ein Mädchen, das Geige spielt, findet schnell, in welche Stadt oder in welches Land es auch immer verschlagen wird, Anschluß an Menschen, mit denen es sich versteht, indem es sich einem Laienorchester oder einer Kammermusikgruppe anschließt.

Auf diese Weise kann der Einstieg in das Leben verschönt und erleichtert werden. Darüber hinaus bietet die Möglichkeit des gemeinsamen Musizierens das großartige Erlebnis, mit einer Gruppe von Menschen in einem überpersönlichen Einklang zu stehen, an einem höheren Tun unegoistisch mitzuwirken. Chor und Orchester, die sich zum Üben eines großen musikalischen Werkes zusammenfinden und es schließlich sogar in einer festlichen Stunde anderen Menschen zu Gehör bringen, vollziehen in gleichnishafter Weise hohen Lebenssinn, nämlich, sich gemeinsam an der Erhaltung und Erneuerung schöpferischen Geistes zu beteiligen, ja, damit auch den religiösen Lebenssinn zu entdecken und einen Zugang zum Glauben, zum Christentum zu finden.

Ich habe in der Behandlung von Jugendlichen die Erfahrung gemacht, dass es ein Zeichen für die Aktivierung neuer seelischer Kräfte ist, wenn durch die Teilnahme an der Aufführung eines der großen Chorwerke der Sinn des Lebens als ein Arbeiten an und für die Schöpfung neu erlebt wird. Das braucht gar nicht unbedingt ins Bewusstsein zu treten. Das Entscheidende ist das eigene emotionale Ergriffenwerden vom Geist der Erneuerung und der lebendigen Kraft des schöpferischen Geistes. Die Erfahrung, im Dienst dieses Geistes zu stehen, kann ein solches Ausmaß inneren Glücks, innerer Befriedigung bewirken, dass den Stürmen des Lebens fortan mit mehr Standfestigkeit begegnet werden kann.

Praxiserfahrungen dieser Art machen deutlich, dass der Wert musikalischer Aktivität gar nicht hoch genug eingeschätzt werden kann. Ja, sie ist von unermesslicher, zentraler Bedeutung und macht darüber hinaus sichtbar, wie wenig der Mensch „vom Brot allein“ leben kann, wie wesentlich es für ihn ist, über die primitiven Stadien der Daseinsbewältigung hinauszukommen. Das Komponieren gar, das Neuerschaffen von Kunst, ist ein wesentlicher Garant von Kultur überhaupt. Und erst recht ist dauerhafte, durchglühte Lebensfreude dort leichter zu finden, wo gerade und besonders mit Hilfe der Musik schöpferischer Geist verwirklicht und gepflegt wird. Dass es dieser Geist, der Geist der Musik, ist, der die Schöpfung trägt und in der Lage ist, den Menschen zu erfüllteren Seinsstufen zu verwandeln, hat in unmittelbarster Vollkommenheit Mozart in seiner „Zauberflöte“ dargestellt. Die Flöte, die den Geist der Musik symbolisiert, vom unsichtbaren Vater Gott an die Mutter Erde, an die Königin der Nacht vererbt, ist in der Lage, den Menschen durch alle Anfechtungen seines Lebens, durch die Anwürfe tierischer oder zerstörerischer Mächte zu führen.

Mozart hat uns gelehrt, wie dringend nötig diese Zauberflöte, wie nötig die Musik für den Menschen ist, wie sie ihm helfen kann, Lebenskrisen zu bestehen. In der Musik leben, heißt, einen Zugang zu einem Bereich zu bekommen, in dem göttliche Vollkommenheit ahnbar werden kann in der Weise, wie es im Terzett der Knaben in der „Zauberflöte“ ausgedrückt ist:

> „Dann ist die Erd' ein Himmelreich
> und Sterbliche den Göttern gleich!“

Wenn wir über die Notwendigkeit des Musizierens nachdenken, wenn wir auf das Lebensglück unserer Kinder bedacht sind, dürfen wir diese Wirklichkeit des Menschen – nämlich den Primat des schöpferischen Geistes – nicht aus dem Auge verlieren!

Anmerkungen

Vorwort

1 Christa Meves. Die Schulnöte unserer Kinder. Hamburg 1969. S. 81 ff.
2 Dies. In: Praktische Psychologie. Nr. 1/2 1969.
3 Dies. Die Schulnöte unserer Kinder. Hamburg 1969. S. 80.
4 Dies. In: Frauenkultur. Bd. 72. 1969. S. 6 ff.
5 Dies. Vortrag Süddeutscher Rundfunk. 26.10.1969.
6 Dies. In: Arzt und Christ. 2/3. 1970. S. 108.
7 Dies. Manipulierte Maßlosigkeit. Freiburg 1971. S. 138.
8 Dies. Wunschtraum und Wirklichkeit. Freiburg 1972. S. 123 und S. 149.
9 Dies. Kinderschicksal in unserer Hand. Freiburg 1974. S. 31.

Familie in der Krise

1 Süddeutsche Zeitung. Nr. 137. 27.08.2002. S. 34.
2 Zweiter Familienbericht. Bonn 1976. S. 112.
3 Annemarie Dührssen. Psychogene Erkrankungen bei Kindern und Jugendlichen. Göttingen 1960. S. 200 ff.
4 Joschka Fischer in einer Pressekonferenz am 03.10.2002.
5 Gerald Hüther.Hirnforschung: Zuwendung ist der wichtigste Erzieher. Rheinischer Merkur. 4/2002.
6 Zitiert nach Christa Meves. Freiheit will gelernt sein. Freiburg 1975. S. 28.
7 Heiner Geißler. Familie und Arbeitswelt. Schriftenreihe des Bundesministeriums für Jugend, Familie und Gesundheit. Bd. 143. S. 73.
8 Alice Schwarzer. Lovely Rita. Interview am 11.11.1981.
9 Christine Bergmann. Presseverlautbarung vom 02.02.2001.
10 Lise Eliot. Was geht da drinnen vor? Die Gehirnentwicklung in den ersten Lebensjahren. Berlin 2001. S. 559 ff.
11 Ebd. S. 635
12 Gerhard Roth. Das Gehirn und seine Wirklichkeit. Frankfurt 1994. Gerald Hüther. Bedienungsanleitung für ein menschliches Gehirn. Göttingen 2002.
13 Evelyne Sullerot. Die Wirklichkeit der Frau. München 1979. S. 317.
14 Shell-Studie 2001.
15 Renate Schmidt im Interview mit dem Rheinischen Merkur. 20.02.2003.
16 Süddeutsche Zeitung. 2002 Nr. 148, S. 28.
17 Pisa 2000. Deutsches Pisa-Konsortium (Hrsg.). Opladen 2001.
18 Ungekürzt ist das Konzept publiziert in Christa Meves. Aufbruch zu einer christlichen Kulturrevolution. Stein 2002. S. 78 ff.

19 Hessisches Statistisches Bundesamt, Wiesbaden. Statistischer Pressedienst 68/2001. 69/2001.
20 Statistisches Bundesamt, zitiert nach Komma. Nr. 15/2002. S. 61.
21 Ärztliche Praxis. 16. 25.02.2003. S. 7.
22 Vance Paccard. Verlust der Geborgenheit. Bern und München 1984. S. 217.
23 Ebd. S. 239.
24 Ebd. S. 240 ff.
25 Ebd. S. 269 ff.
26 Christine Bergmann. Grußwort Familienbuch. 02.2002.
27 Annemarie Dührssen. a.a.O. S. 97 ff.
28 Sandra F. Witelson. Geschlechtsspezifische Unterschiede in der Neurologie der kognitiven Funktionen und ihre psychologischen, sozialen, edukativen und klinischen Implikationen. In: Evelyne Sullerot. a.a.O. S. 341.
29 Gerard van den Aardweg. Das Drama des Homosexuellen. Neuhausen/Stuttgart. 1985. Joseph Nicolosi. Homosexualität muss kein Schicksal sein. Nürtingen 1995.

Der abgehalfterte Mann

1 Evelyne Sullerot. a.a.O. S. 318.
2 Horst Ritter. Humangenetik. 1977.
3 Sabine Riedl und Barbara Schweder. Der kleine Unterschied. Wien 1997.
4 Ursula Lehr. Das Problem der Sozialisation geschlechtsspezifischer Verhaltensweisen. Göttingen 1972.
Van Goozen. Stephanie H. M., Cohen-Kettins. Peggy. Gooren. Louis J. G., Frijda. Nico H. et al. 1995. Gender Differences in Behavior: Activating Effects of Cross-Sex Hormones. Psychoendocrinology, Vol. 20/4, 343–363.
5 Christa Meves. Erziehen lernen. Gräfelfing 1996.
6 Christoph Gaspari. 1+1=1. Wien/München 1985. S. 112 ff.
7 René, Zazzo. Einige Bemerkungen über die Unterschiede in der Psychologie der Geschlechter. In: Evelyne Sullerot. a.a.O. S. 311 ff.
8 Christa Meves. Scheidungswaisen. In: Mit Kindern leben. 1999. S. 199 ff.
9 Konrad Lorenz. Antriebe tierischen und menschlichen Verhaltens. München. 1968. S. 56 f.
10 Sabine Riedl und Barbara Schweder. Der kleine Unterschied. Wien 1997. S. 175 ff.
11 ebd. S. 41 ff.

12 Statistisches Bundesamt, zitiert nach Focus 33/2002.
13 Sandra F. Witelson. 1989. Hand and Sex Differences in the Isthmus and Genu of the Human Corpus Callosum. A Postmortem Morphological Study. Brain. 112. 799/835.
14 M. A. Hofmann und Dick F. Swaab. Sexual Dimorphism of the Human Brain. Myth and Reality. Exp. Clin. Endocrinol. Vol. 98. Nr. 2. S. 161–170.
15 Ruben Gur et al. 1995. Sex Differences in Regional Cerebral Glucose Metabolism during a Resting State. Science Vol. 267. January 27. S. 528–531.
16 Bundeskriminalamt, Wiesbaden 2000.
17 Christa Meves. Unsere Kinder wachsen heran. Holzgerlingen 2002.

Die von sich selbst entfremdete Frau

1 Simone de Beauvoir. Das andere Geschlecht. Reinbek 1951.
2 Alice Schwarzer. So fing es an! Die neue Frauenbewegung. München 1983.
3 Simone de Beauvoir. a.a.O.
4 Franz Resch. Psychisch kranke Kinder und Jugendliche. Deutsches Ärzteblatt. Jg. 99/49. 06.12.2002. S. 2596.
5 Sämtliche Studien sind im Internet unter www.gesundheitsforschung-bmbf.de (Suchbegriff „Sucht“ eingeben) aufgelistet.
6 Christa Meves, Jutta Schmidt. Verletzte Mädchenseele. Vellmar-Kassel 1987.
7 Arno Deister. Essstörungen. In: Hans-Jürgen Möller, Gerd Laux, Arno Deister. Psychiatrie. Stuttgart 1996. S. 243 ff.
8 Gertrud von Le Fort. München 1962. S. 99.

Die verführte Jugend

1 G. Nahas, C. Latour (Hrg.). Cannabis. Oxford 1991.
Medizin populär. 11/02.
2 Deutsches Ärzteblatt. Jg. 93. 09.96. S. 472.
3 Gertraud Teuchert-Noodt. Drogenmissbrauch. Bielefeld 1998.
Johannes Irsiegler. Zeitfragen. 21.10.2002. S. 15.
4 Hans Rudolph, V. Studtmann: Piercing. Niedersächsisches Ärzteblatt. Nr. 2. 2001.
5 Die Zahl minderjähriger Mütter steigt. FAZ. 12.09.2002.

6 Cornelia Kaminski. Tödliches Schweigen. Abtreibung und Brustkrebs. Lebensforum. 02.2002. S. 19.
7 Zervixkarzinom, HPV-Infektion und Screening. Deutsches Ärzteblatt. Jg. 100.3. 17.01.2003. S. 116.

Make love not war

1 Christa Meves. Manipulierte Maßlosigkeit. Freiburg 1971. S. 83 ff.
Dies. Wunschtraum und Wirklichkeit. Freiburg 1972. S. 146 ff.
2 Wolfgang Brezinka. Die Pädagogik der Neuen Linken. München/Basel 1980. S. 53 ff.
Patrick J. Buchanan. Der Tod des Westens. Selent 2002. S. 170 ff.
3 Thomas Delekat. Wenn die Lust zur Sucht wird. WamS 03.01.2003. S. 10.
4 Der Große Brockhaus. Wiesbaden 1956.
5 Brockhaus. Mannheim 2002.
6 Christa Meves, Thomas Schirrmacher. Ausverkaufte Würde. Holzgerlingen. 200. S. 35.
7 Handbuch der Neurosenlehre und Psychotherapie. München 1961.
8 H. Kentler. Sexualerziehung. Hamburg 1970.
9 J. R. Kirk. Summary of the Final Report of the Ahorney General's. Commission on Pornography. July 1986.
10 D. Wilkerson. Das Kreuz und die Messerhelden. Ulm 2001.
11 Der Spiegel. Hamburg 3/2003. S. 58 ff.
12 Christa Meves, Thomas Schirrmacher. a.a.O. S. 43.
13 WamS. Nr. 3. Hamburg 19.01.2003. S. 10.
14 C. S. Lewis. Dienstanweisung für einen Unterteufel. Freiburg 2002. S. 89.
15 J. H. Schultz. Die perverse Fehlhaltung. In: Handbuch der Neurosenlehre und Psychotherapie. Bd. 2. München/Berlin 1959. S. 213.
16 Annemarie Dührssen. a.a.O. S. 199 ff.
17 Helmut Kentler. Sexualerziehung. Hamburg 1970. S. 112.
18 Wolfgang Brezinka. a.a.O. S. 174 ff.
19 Christa Meves. Manipulierte Maßlosigkeit. a.a.O. S. 104.
20 Gerard van den Aardweg. a.a.O. S. 74.
Ders. Selbsttherapie von Homosexualität. Neuhausen 1996.
21 Frederik Jaffé. Dokument der International Planned Parenthood Federation. 1969. Zitiert nach: Christ und Zukunft. 27/1987. S. 396.
22 Patrick J. Buchanan. a.a.O. S. 181.
23 Unser Kind fällt aus der Rolle – Über Geschlechtsrollen und sexuelle Orientierungen. Bundeszentrale für gesundheitliche Aufklärung. Köln. 1994.
Nanu? Von Liebe, Sex und Freundschaft. ebd.
Starke Mädchen. ebd. 1995.

Frank Herrath. Let's Talk about Sex. Hrsg. AIDS-Schulungs- und Informationszentrum der Landeszentrale für Gesundheitsbeförderung in Rheinland-Pfalz e.V. Mainz 1993.
24 A. P. Bell, M. S. Weinberg und S. K. Hammersmith. Sexual Preverence, its Development in Men and Women. India University Press. Bloomington 1981.
25 Robert L. Spitzer. Neue Studie zur Frage der Veränderbarkeit einer homosexuellen Orientierung. In Bulletin. Nachrichten aus dem deutschen Institut für Jugend und Gesellschaft. 02/2001.
26 Christa Meves. Eine angemessene Aids-Reaktion. In: Der alte Glaube und die neue Zeit. Freiburg 1990. S. 125.

Schule in der Sackgasse

1 Pisa 2000. Opladen. 2001.
2 Christa Meves, Dieter Günter. Schulnöte. Gräfelfing 1996.
3 Dumm gelaufen. Die neue deutsche Bildungskatastrophe. Der Spiegel. Nr. 20 vom 13.05.2002, S. 96 ff.
4 Fjodor M. Dostojewski. Die Brüder Karamasow. München 1952. S. 956.

Grundlagen konstruktiver Veränderungen

1 Mt.15, 26; Mk. 7, 27.
2 Im Jahr 2000 nahmen Gewalttaten um 8,4 % zu. Bundeskriminalamt Wiesbaden 2002.
3 Hans-Jürgen Eysenck. Learning Theory and Behavior Therapy. In: Hans-Jürgen Eysenck (Hrsg.) Behavior Therapy and the Neuroses. Pergamon Press. London 1960.
4 Peter R. Hoffstätter, zitiert nach Christa Meves. ABC der Lebensberatung. Gießen 1992. S. 14.
5 John Horgan. Der menschliche Geist. München. 2000.
6 Deutsches Ärzteblatt. 2002.
7 Sigmund Freud. Vorlesungen zur Einführung in die Psychoanalyse. London 1950.
8 Carl Gustav Jung. Wandlungen und Symbole der Libido. Leipzig/ Wien 1938. Symbole des Geistes. Zürich 1948.
9 Gerhard Roth. Fühlen, Denken, Handeln. Wie das Gehirn unser Verhalten steuert. Frankfurt a. M. 2001. S. 341.
10 Carl R. Rogers. Die Kraft des Guten. München 1977. S. 303.
11 Mt.5–7. Mt. 25, 31–46.

12 Belegte Beispiele dafür in Christa Meves. Aufbruch zu einer christlichen Kulturrevolution. Stein 2002. S. 59.
13 Christa Meves. Erziehen lernen. Gräfelfing 1996.
14 Christa Meves. Mut zum Erziehen. Stein 1997.
15 Christa Meves. Verhaltensstörungen bei Kindern. München 1997.
16 Ronald Kotulak. Die Reise ins Innere des Gehirns.
Paderborn 1998. Siehe auch Braun K. Bogerts B. Charakteristische biologische Merkmale früher Prägungsprozesse. Der Nervenarzt. 1/2001. Gerald Hüther und Gerhard Roth. a.a.O.
17 Greenspan Stanley. Zitiert nach Kotulak. a.a.O.
18 Bruce Mc Even. Zitiert nach Kotulak. a.a.O.
19 VFA-Faltblatt. Uelzen. 2000.